はじめに

皇極四年（六四五）、あの大化の改新を成し遂げたとされる人物を、わたしたちは「中大兄皇子」と呼び習わしてきました。しかし、「中大兄皇子」はのちに創作された呼称です。

なぜなら、中大兄は皇太子＝皇子ではなかったからです。

日本書紀の記述は、藤原不比等主導、反藤原氏主導の間で揺れ動き、変遷します。この両極が不比等による日本書紀改ざんと、それを修正する万葉集編者のメッセージである「万葉史観」の組みこみです。

不比等は日本書紀を改ざんしていたのです。その最重要課題が、天皇家の血統と無関係な天智天皇（中大兄）を、大和朝廷の正統な継承者に仕立てあげることです。万世一系の思想。すなわち天智天皇の出自の創作です。これの実現に、不比等は編集エネルギーのすべてを注ぎこみます。そして、養老四年（七二〇）の日本書紀完成時点で、とりあえず完成します。しかし、これに異議申し立てをするのが、長屋王や山上憶良らによる万葉史観です。万葉史観が、このウソを徹底的にあばきたてます。

万葉史観の手法です。万葉集は天智の身分表記をおとしめることで、天智天皇が大和朝廷の天皇の血を引いていないことを明るみに出します。それが皇子がつかない呼びすての「中大兄」表記と、歌表記です。万葉集の異例表記で、天皇の子どもとされた中大兄を完膚なきまでにこきおろします。

天智の歌は、天智天皇として一首、中大兄として三首が万葉集に遺《のこ》ります。天皇としての歌は巻二の九一番歌で、この題詞に「天皇、鏡王女に賜へる『御歌』一首」とあります。天皇の歌は「御製歌」表記されるのが万葉集の決まりですが、天智の歌は「御歌」と格下表記されます。一方、中大兄の三首は巻一の一三—一五番歌群です。この題詞は「中大兄　近江宮御宇天皇　三山『歌』一首」となっていて、ここでも中大兄は正当な表記がなされていません。日本書紀によれば、中大兄は舒明天皇の子どもです。天皇の子どもの歌は「御歌」と表記されなければならないのに、中大兄は単に「歌」と表記されています。歌の表記は、作者の身分によって明確に書き分けられます。そのルールはつぎのとおりです。

御製歌…天皇
御歌……皇后など天皇の妃、皇子、皇女など天皇の子ども
歌………それ以外の皇族（天皇の孫以遠の王、女王）や臣下、庶民

天智天皇＝中大兄は、万葉集の表記ルールに従えば、天智は皇子クラス、中大兄はただの皇族、ひょっとするとただの庶民クラスという評価です。歌の表記だけではありません。天皇の子ども、しかも皇太子に立てられている中大兄に、皇子がつきません。天皇の子どもで名前に「皇子」がつかないのは中大兄だけです。つまり——「天智天皇（中大兄）は大和朝廷の正統な皇位継承者ではない」。

これは万葉集の確信の編集スタンスです。万葉集はただの一度として天智（中大兄）を、大和朝廷の正統な継承者として登場させないのだから、これは単なる編集上のミスであるわけがありません。

しかし、万葉集が一人主張するだけでは、いかんせん弱い。それで、日本書紀の中の「皇子でない中大兄」「皇太子でない中大兄」の記事へと案内しているのです。それが万葉史観です。

これから詳細に確認しますが、日本書紀の中大兄もなぜか、皇子がつきません。書紀自体が中大兄を皇子としていません。それなのに、書紀には堂々と、中大兄が皇太子に立てられたという「立太子」記事が重複して出てきます。常識人ならだれが読んでも不自然な記事で、これを正面からあげつらっているのが万葉史観であるといえます。

要するに、中大兄が舒明天皇の息子であり、皇太子だというのは、藤原不比等の日本書紀改ざんがでっちあげたフィクションです。それを指摘し、修正するのが万葉史観の狙いです。本書は万葉史観の案内で、日本書紀を動員して「中大兄は皇太子でなかった」ことを証明します。天智は大和朝廷とは別の権力基盤、おそらく筑紫からの「東征王」である、この証明のすべてが一―五章にあります。

万葉集があばく

捏造された天皇・天智（上）

目次

下巻目次

【本書を読む前に】

本書の表記について、簡単に説明します。

七世紀の日本列島の権力表記は、一般的には「大和朝廷」とされます。しかし、本書では原則、「倭王権《やまと》」「筑紫王権《ちくし》」としています。理由は、日本書紀が「大和朝廷」表記を一切使っていないからです。大和朝廷に対応するのが倭王権です。筑紫王権は、畿内に権力基盤を置く狭義の大和朝廷に対抗する権力を指します。

天智天皇の皇子名とされる「中大兄《なかのおおえ》」は、「中大兄皇子」と表記するのが普通ですが、本書は中大兄で統一しています。これも理由は、日本書紀に中大兄皇子表記が一度も出てこないからです。

天智が中大兄時代に手がけた最大の事績は、蘇我本家の滅亡です。「乙巳《いっし》の変《へん》」といいます。これを機に皇極朝は倒れ、孝徳朝となります。孝徳朝は一年から五年までの元号を「大化」といい、大化年間に行われた一連の革新的な施策を「大化の改新」と呼びます。大化の改新といった場合、広義に乙巳の変を含めることもありますが、本書は乙巳の変と大化の改新を分けています。

なお、読者の便宜を考慮して、文献の引用はできるだけ原文訓《よ》み下しを掲載しています。ただ、読者によっては、原文引用をわずらわしく感じるかもしれません。そのときは、引用原文は読みとばしてかまいません。本文だけで内容が分かるようにしています。原文はすべて段落を下げて、本文とは区別しています。

引用文献には『』がつきますが、古事記、日本書紀、万葉集は引用回数が多いため『』をつけていません。

人名につく注の〔※巻末資料〕は、「万葉集研究者年表」を指し、上下巻の巻末に同じものを掲載しています。

序章　万葉コードがいざなう

1 万葉集と万葉史観

万葉集は日本最古の歌集として、古くから親しまれてきました。素朴に、おおらかに、日本人の心が詠《うた》われています。万葉集には季節の自然を詠みこんだ歌や、親子の情を吐露した歌など、今の日本人が読んでも心打たれるものが数多く含まれます。もちろん、素朴で、おおらかなだけではありません。近代的な感性につながる先進的な作品もあります。

七世紀の中ごろから八世紀の中ごろまでの、いわゆる万葉の世紀の歌を中心に四千五百首を二十巻にまとめた歌集、それが万葉集です。

これら作品は純粋に文学作品として鑑賞するものとされてきました。たしかに、万葉集は日本を代表するすぐれた文学作品です。千二百年以上も昔に生きた大伴家持《おおとものやかもち》の感性は、今を生きるわたしたちの心にひびいてきます。

と、ここまで書いて、何か引っかかります。ここに書いたことが、万葉集の説明として大きくはずれているということはありません。それでも気になります。ここにある万葉集観は、万葉集が「国民歌集」だとの前提で理解されているからです。

常識的な万葉集理解は、明治時代にはいってから一部文化人によって誘導されたものだといわれています。『万葉集の発明』（品田悦一）〔※巻末資料〕によると、鎖国がとけて西欧の文学がはいりこむ動きのなかで、それまでただの歌集でしかなかった万葉集は国民歌集へと格上げされます。西欧文学をにらんでの国民文学運動です。一言でいえば、西欧を意識したナショナリズムです。この愛国心がなければ、現在のような万葉集理解は存在しなかったというのです。

たしかに、第二次世界大戦以前に万葉集にふれた人たちは、万葉集にかたよったイメージをもっています。『万葉集の発明』が指摘するように、自然を詠んだ歌、愛国的な歌など、きれいにまとまった歌の集まりだと素朴に信じこんでいます。万葉集の文化講座に参加される年配者は今でも、例外なく「万葉歌はうつくしいもの」とおもっています。彼らの知識にない万葉歌を紹介すると、「こういううつくしくない歌も万葉集にあるんだ」という反応です。これが「発明された万葉集」の効果なのでしょう。

それなら発明される前の万葉集とはいったい、どんな存在だったのでしょうか。万葉集の本当の形はどうなっているのでしょうか。

万葉集は単なる文学作品ではありません。鑑賞する詩歌集であると同時に、息を殺して耳を傾けるべき政治、歴史の書でもあるのです。愛の告白、戯れ、別れ、こうした歌そのものがメッセージといえばメッセージですが、それとは別に万葉集には明確な歴史メッセージがこめられています。もちろん、万葉集の大部分は歌集です。その端々に歴史、政治的な主張が埋めこまれているのです。

これが「発明」される前の万葉集です。文学作品であると同時に、捏《ねっ》造された歴史と政治の告発の書でもあるのです。読者が古い先入観や、勝手な発明などせずに、冒頭一番歌から二一番歌までを鑑賞したなら、権力への異議申し立ての声がきこえてきます。少なくとも万葉集がただの歌集でないことくらいは感じとれるはずです。

万葉集の歴史的、政治的な案内が「万葉史観」です。万葉集の案内で、日本書紀に描かれた歴史の修正をする、これが本書のいう万葉史観です。

万葉集がどうして日本書紀の歴史を修正できるのか、ちょっと信じられないかもしれません。万葉集はいうまでもなく歌集です。しかも、大伴家持の私歌集と考えられています。プライベートな歌集が朝廷の正式な歴史書の記述を修正する。ふつうに考えればありえません。しかし、万葉集はさまざまなサインを発して、読者を書紀の記事へと案内します。そして、そこに描かれた歴史を修正します。万葉集と日本書紀が編集的に連動しているなどといっても受けいれられないかもしれませんが、事実として万葉集と書紀に接点がないわけではありません。万葉集は書紀の記事を引用して、歌の解説をしています。

もちろん、これだけなら万葉集の一方的な都合ということになりますが、万葉集は書紀を単なる参考文献にしているのではありません。万葉側による書紀引用の解説がきわめて恣意的です。明らかな編集意図のもとに読者を万葉集から書紀の記事へ誘導します。

万葉集の、書紀の記事への案内はいたって客観的です。万葉編者の案内ルールに従えば、よけいなことを考えることなく、書紀の記事へとジャンプできます。万葉集と書紀の編集が連動しているからです。案内された書紀の記事から、万葉編者の歴史、政治的な意図が明らかになります。

本書は万葉集の案内で日本書紀を解読していきますが、行きつく先はこれまでの常識とはかけはなれています。その万葉集の主張の一つが、天智天皇が筑紫から畿内への「東征王」であることです。天智が筑紫をバックにした王権であることが明らかになります。これについては、一章以降で検証します。万葉集と書紀の編集が相互に連動するという説は、本書の独創ではありません。〔※巻末資料〕徳田《とくだ》浄《きよし》がすでに指摘しているところです。徳田の説はこのあと「編集が連動する万葉集と日本書紀」で紹介します。

万葉集がいつ成立したのか、これは万葉集が日の目をみたときから大問題でした。万葉集の成立にふれた文献がほとんどないのです。そうした中で、もっとも古く万葉集についてとりあげたのが、『古今和《こきんわ》歌集《かしゅう》』真名序《まなじょ》です。その『古今』序に、次のようにあります。

［古今和歌集］——真名序

昔、平城の天子、侍臣に詔して万葉集を撰ばしむ。それより以来、時は十代を歴、数は百年を過ぎたり。其の後、和歌は捨てて採られず。

昔、平城《へいぜい》天皇が万葉集を編集させる詔を出し、それ以来、天皇十代を経て、年を数えるに百年がすぎたというのです。このことから平城天皇時代に勅撰《ちょくせん》和歌集として完成したと考えられてきました。長いあいだ、『古今』序がそのまま受けいれられてきたのですが、江戸時代にはいって契沖《けいちゅう》〔※巻末資料〕が大伴家持の私撰和歌集だとの説を出します。契沖の説に説得力があったため、それ以降は契沖説が一時的に定説化します。契沖の説は補完されながら、賀茂真淵《かものまぶち》〔※巻末資料〕、本居宣長《もとおりのりなが》〔※巻末資料〕へと引き継がれます。

編者としては、荷田春満《かだのあずままろ》〔※巻末資料〕によって、家持と並んで橘《たちばなのもろえ》諸兄もあげられます。左大臣までのぼった諸兄が出てきたことで、万葉集勅撰説も見直されるようになります。

明治以降も契沖の説が有力ですが、もちろん異説も多くあります。編者については大伴家持が主体的に、あるいは何らかの形でかかわったということで決着しています。これに橘諸兄がからんできます。諸兄に関しては、『栄華物語《えいがものがたり》』がとりあげています。

［栄華物語］――月の宴

昔、高野《たかの》の女帝の御代、天平勝宝五年には、左大臣橘卿、諸卿大夫等集まりて万葉集を撰ばせたまふ。醍醐の先帝の御時は、古今二十巻撰りととのへさせたまひて、世にめでたくさせたまふ。ただ今まで二十余年なり。古の今のと古き新しき歌、撰りとのへさせたまひて、世にめでたたうせさせたまふ、この御時には、その古今に入らぬ歌を、昔のも今のも撰ぜさせたまひて、後に撰ずとて後撰集といふ名をつけさせたまひて、また二十巻撰ぜさせたまへるぞかし。

これが諸兄が撰者とされる根拠の一つになっています。高野の女帝は孝謙《こうけん》天皇のこと、天平勝宝五年は西暦で七五三年です。

勅撰か私撰かも問題です。家持編者説をとる研究者でも、意見が分かれます。勅撰説をとるのが折口《おりくち》信夫《しのぶ》〔※巻末資料〕です。折口は「平城万葉集」を前提に勅撰集だとします。これに対して私撰説を唱えるのが沢瀉久《おもだかひさ》孝《たか》〔※巻末資料〕です。沢瀉は家持の私撰集説を強く主張しますが、ほかにも多くの有力な説があって、定説を見るまでには至っていません。

これまで出ている説に関して総じていえることは、万葉集が歌集として独立した存在だということです。純粋歌集として孤高を保っているという理解です。この裏には、万葉集は世間から超絶していなければならない、というおもいがあるようです。万葉集は俗世にけがされてはならない、素朴でなければならないのです。万葉集の研究者には、その考えの底流に、万葉集は純粋に歌集でなければならない、という文学至上主義があるようです。

万葉集はあくまでも文学作品で、政治や歴史などから超然としていなければならない、古事記や日本書紀とは無縁でなければならない。そう考えられてきたのです。無垢で、素朴でなければならなかったのです。これこそ「万葉集の発明」の成果なのでしょう。

2　原万葉集の成立

万葉集はどのように成立したのか。すでに見たように、これについて合理的に説明するのは至難の業です。というより、よくわからないのです。万葉集に一貫した編集方針があるように見えません。その編集がいくつかの段階を踏んでいるのはまちがいありませんが、それがどのような段取りを経ていったのか、これがまったく見えないのです。

一般的に、万葉集は巻一、巻二がコアとしてあり、それをもとに歌が追加されていって現在の形になったと考えられます。ただ、通説の巻一、二を核に、それに歌が追加されていったとは考えにくい。それよりは、巻一、二とはべつに大伴氏の私家集が編集されていて、これに原万葉の巻一、二がとりこまれたとしたほうが自然です。そうだとしても、原万葉といわれる巻一、二の編者についてはほとんどわからないというのが現実です。

原万葉集といわれる巻一、二も同時にまとめられたわけではありません。まず巻一が編集されて、続いて巻二がまとめられたとされます。さらにいえば、万葉集の巻としてまっさきに編集された巻一も、一気に編集されてはいません。通説では、巻一はおおもととなる原撰《げんせん》部と、それに続く増補部に分かれ

●万葉集巻一の標目

泊瀬朝倉《はつせあさくら》宮御宇天皇代	雄略	1番歌	原撰部
高市岡本《たけちおかもと》宮御宇天皇代	舒明	2—6番歌	原撰部
明日香川原《あすかかはら》宮御宇天皇代	皇極	7番歌	原撰部
後岡本《のちのおかもと》宮御宇天皇代	斉明	8—15番歌	原撰部
近江大津《おうみおおつ》宮御宇天皇代	天智	16—21番歌	原撰部
明日香清御原《あすかきよみはら》宮天皇代	天武	22—27番歌	原撰部
藤原《ふじはら》宮御宇天皇代	持統	28—53番歌	原撰部
	文武・元明	54—80番歌	増補部
(寧樂宮)	標目なし	81—83番歌	増補部
寧樂《なら》宮	標目あり	84番歌	増補部

ます。先行する原撰部が一—五三番歌とされます。原撰部に三十一首が追加され、巻一は最終的に八十四首構成になります。くり返しますが、これはあくまで通説です。実際には、はるかに複雑なプロセスを経ているようです。

巻一の構成をくわしく見ます。巻一には、つくられた時代ごとに標目《ひょうもく》が立てられます。標目は宮殿名で表記された天皇で時代を特定します。これにより、歌がつくられた時代がわかる仕組みになっています。

念のために、巻一に出る標目のすべてを抜き出します。左が標目、右がその標目に含まれる歌番号です。

表にあるとおり、泊瀬朝倉宮に御宇《あめのしたしらしめ》す天皇は雄《ゆう》略《りゃく》です。同様に高市岡本宮は舒明《じょめい》、明日香川原宮と後岡本宮は皇極《こうぎょく》（斉明《さいめい》）、近江大津宮は天智《てんじ》、明日香清御原宮は天武《てんむ》、藤原宮は持統《じとう》、文武《もんむ》、元明《げんめい》です。藤原宮の三天皇は、原撰部が持統だけ、増補部が文武と元明です。したがって、持統朝までが原撰部となります。これまた、あくまで通説です。

原撰部とされる泊瀬朝倉宮から藤原宮の持統朝までは、原撰部の歌のタイトルにあたる題詞と歌のあとにつく解説である左注が、標目にある天皇と同時代の解説をします。たとえば、天智天皇の「近江大津宮御宇天皇代」の標目では、天智の肩書きを天皇、大海人皇子を皇太子としています。これに対して、増補部はすべて元明天皇の時代が起点になっています。つまり、天皇とあれば元明を、太上天皇とあれば持統を、大行天皇とあれば文武を指します。この時間のとらえかたの違いが、巻一を原撰部と増補部に分ける根拠の一つになっているようです。さらに増補部を細かく見ます。すると、増補部もすべての歌が同時にとられてはいないことがわかります。

原撰部の時間表記は天皇の代まででですが、増補部になると年号で年を特定します。追加された最初の五四番歌は、題詞に大宝《たいほう》元年（七〇一）の年代が出てきます。大宝元年は文武天皇の時代です。つぎに出てくる年が大宝二年、ついで慶雲《けいうん》三年（七〇六）、和銅《わどう》元年（七〇八）、同三年、同五年です。

和銅三年に寧楽《なら》遷都しているので和銅三年以降は寧楽遷都後ですが、この年の八一―八三番歌は「藤原宮御宇天皇代」の標目に含まれます。そして、このあとに続く最後の八四番歌に「寧楽宮」の標目がつきます。

この「寧楽宮」ですが、標目の位置が変則です。標目は同じ時代の歌グループの最初に置かれます。標目のあとには、標目の示す天皇の時代の歌が続きます。標目が指定する時代は、つぎの標目が立てられるまでおよびます。そうだとすると、最後の寧楽宮の標目は和銅三年の前に出てこなければなりません。藤原京から寧楽（平城）京へ遷《うつ》ったのが和銅三年（七一〇）三月だからです。

このため、増補部のうち、少なくとも最後の八四番歌はほかの歌よりあとにとられたことはまちがいないと考えられています。

3 万葉史観が狙いうつ中大兄

以上が万葉集巻一成立の通説です。しかし、「万葉史観」の万葉成立の考えはちがいます。原撰部に含まれる三―二一番歌の十九首は、その一部がもともと原撰部にはなかったか、あってものちの編者の手がはいっている可能性が高い。この十九首はすべて万葉集のほかの歌とはちがう編集上の細工がほどこされています。

一連の歌群はふつうに読んで、明らかにおかしい解説、および変則、異例表記のオンパレードです。おかしな解説の多くは、山上憶良《やまのうえのおくら》の『類聚《るいじゅう》歌林《かりん》』が引用されています。『類聚歌林』は万葉集に九回引用されていて、そのうちの五つが巻一冒頭の二一番歌までに出てきます。『歌林』引用の解説の異常さはこれから検討しますが、十九首の尋常ならざる編集は、ほかの原撰部の歌と明確に一線を画します。

十九首の歌群と、この歌群の不自然な案内、これこそが「万葉史観」です。万葉集の不自然な案内に従って日本書紀の記事をたどっていくと、書紀の歴史に修正がかけられていくのです。

これが本書のテーマで、一章以降で詳細に検証します。そこで、ここでは万葉集の成立を確認するために、問題の十九首がもともと原撰部にあったのではなく、あとで追加、あるいは編集的な細工をほどこされた可能性を指摘します。

どのようにおかしいか、具体的に一三—一五番歌で確認します。

中大兄《なかのおほえ》　近江《あふみ》の宮に御宇《あめのしたしらしめ》す天皇　三山歌一首

香具山《かぐやま》は　畝傍《うねび》をしと　耳梨《みみなし》と　相争《あひあらそ》ひき　神代《かみよ》より　かくなるらし　いにしへも　しかなれこそ　うつせみも　つまを　争《あらそ》ふらしき　（巻一13）

反歌

香具山《かぐやま》と耳梨山《みみなしやま》とあひし時《とき》　立《た》ちて見《み》にこし印南國原《いなみくにはら》　（巻一14）

渡津海《わたつみ》の豊旗雲《とよはたくも》に入日《いりひ》さし　今夜《こよひ》の月夜《つくよ》あきらけくこそ　（巻一15）

右の一首の歌は、今案ずるに反歌に似ず。但し、舊本この歌を反歌に載せたり。故、今猶ほこの次に載す。また紀に曰く、「天豊財重日足姫天皇《あめとよたからいかしひたらしひめ》の先の四年乙巳に、天皇を立てて皇太子となす」。

この題詞は、ながめるだけならとくに問題があるようには見えません。「中大兄という人物がつくった三山の歌一首です」。さらにその中に注釈がはいって「この作者は近江宮で天下を治めた天皇のことです」、以上が題詞の情報のすべてです。

この題詞のおかげで、三角関係をテーマに詠まれた倭《やまと》三山歌が、のちに天智天皇となる中大兄作だと知ることができます。しかし、この題詞は、万葉集の編集ルールから大きくはずれます。ルール違反は単なる言葉の置きかえといったものではありません。ルール違反のベクトルは明らかに中大兄の身分をおとしめる方向へ向いています。これほど失礼な題詞はほかにはありません。どう失礼か、確認します。

この題詞には万葉集の編集ルールにそわない表記が二つあります。原文はわずか十五文字しかないのに変則表記が二つもあるのです。

万葉集は天皇の子どもには、天皇の子どもであることを明確にするために名前のあとに「皇子」をつけます。しかし、この題詞には皇子がつきません。名前に「皇子」がつかない天皇の子どもは中大兄だけです。ここは中大兄を呼びすてにしているのです。左注には、中大兄が「皇太子に立てられた」とあるので、皇太子を呼びすてにしたことになります。

中大兄を天皇の子どもと認めない表記はもう一つあります。万葉集は天皇の子どもの歌は「御歌」と表記します。しかし、この題詞はただの「歌」としかありません。中大兄の歌を、天皇の子どもの歌と認めていないことになります。

この題詞は、古くから注目されてきました。その表記の異常さからです。これまでの研究者はこの異常さを、題詞を書いた編者の単純ミスだとか、原資料にあったものをそのまま転写したのだとか、呼びすては親しさのあらわれなどと説明しています。

そんなことがあるでしょうか。二つの異例表記のベクトルは、ともに中大兄を天皇の子どもと認めない方向を指しています。最高権力者となった人物の肩書きを、ケアレスミスでおとしめたままなどということ自体考えられません。そのありえないことがくり返される。これは編者の確信的な細工というほかありません。最高権力者にこれほどの不敬をはたらいて、これを親しさのあらわれなどというのはノンキすぎます。

中大兄をターゲットにした編集的な作為は、何が目的なのか。それが中大兄の出自の暴露です。中大兄が倭王権（大和朝廷）の系譜にないことを明るみに出すことです。一章以降で検証します。

ところで、原万葉集ともいうべき巻一、二は、基本的に時代順に歌が並びます。しかし、最初の巻一冒頭部で、この原則が崩れます。

巻一冒頭の一—二一番歌は上巻末の資料編に全歌を載せています。

明らかに歌の時代配列に逆転が見られるのが、八―一五番歌のあいだです。この八首は、八番歌、九番歌、一〇―一二番歌群、一三―一五番歌群の四つのグループに分かれます。

九番歌と一〇―一二番歌群は、斉明四年（六五八）の斉明天皇の紀国行幸のときのものとされます。一〇―一二番歌群は正体不明の中皇命《なかつすめらみこと》の紀国旅行で詠《うた》われたことになっていますが、左注がこれを斉明天皇の紀国行幸へと変更しているので、斉明の紀国行幸時の歌だということになります。

八番歌と一三―一五番歌群は、通説では、斉明が百済救援のために難波から筑紫へ向かう途中で詠まれたことになっています。斉明七年（六六一）のことです。一三―一五番歌群は播磨沖で、八番歌は伊予の熟田津《にぎたつ》で詠まれたとされます。が、これがおかしい。難波を出発して筑紫を目指すなら、播磨を通過してから伊予へ至ることになります。通説どおりの解釈なら、播磨灘のほうが、伊予より時間的にあとになってしまいます。倭《やまと》の三山歌（一三―一五番歌群）は中大兄が詠んだとされる播磨灘の歌で、額田王作とされる八番歌は伊予の歌です。八と一三―一五番歌は、詠われた時間と配列が明らかに時系列的に整合しません。つまりこれを通説の時代順に並べかえると、「九」→「一〇―一二」→「一三―一五」→「八」となるのです。

詠まれた歌の歴史的事実としての時間経過の混乱は、これまでは巻一冒頭は歌が時代順に配列されていなかったのだろうとされています。そんなことがあるでしょうか。歌がつくられた時間経過がわかっているのに、それをあえてランダムに配列するほうが編集的にはやっかいです。

ふつうに考えて、八―一五番歌の時代配列の乱れをたまたまの錯誤とするわけにはいきません。というのは、八番歌一首を、一三―一五番歌の後ろに移動するだけで通説との時代配列の矛盾は改善されるからです。それを訂正していないということは、一見矛盾する時代配列は確信的な編集だったということです。

つまり八―一五番歌は、通説の巻一原撰部とはちがった歴史観のもとでとられているのです。直感的に不自然な編集の痕跡を残す三―二一番歌の十九首は原撰部本来の編集方針とは別の編集の手がはいっています。しかも、この中には、ほぼ確実に本来の原撰部になかった歌があります。巻一冒頭の一―二一番歌の編集は、歌集万葉集とはまったく別の編集方針のもとでおこなわれたのです。一章で、冒頭歌群が時代順に並んでいるとの前提で歌の新解釈をしています。そこにはどんな光景が広がっているでしょうか。

4 編集が連動する万葉集と日本書紀

万葉集の成立は、ことほどさように複雑です。巻一冒頭歌群は、もともとの歌集とは別の編集の手が加えられているからです。それはどのような手順を踏んで編集されたのか、これを見ていきます。

日本書紀の歴史を修正する案内が、万葉集にいつ組みこまれたのか、これに大きな示唆を与えてくれるのが徳田浄《とくだきよし》〔※巻末資料〕の万葉集成立説です。『万葉集撰定時代《まんようしゅうせんていじだい》の研究』と『万葉集成立攷《まんようしゅうせいりつこう》』を著して、万葉集が古事記、日本書紀、『続日本紀』とたがいに連動して編集されたと説きます。その結論として、万葉集は官撰歌集で、大伴家持はじめ大伴氏が編集に参加したとします。

徳田は、二十巻にまとめられた四千五百首あまりの歌を綿密に時代考証しています。巻ごと、歌群ごとに歌や注記の年代の上限と下限を明らかにして、編集された時代を特定していきます。さらに、日本書紀や古事記の編集時期から、両者の編集が連動していることを解明します。もっとも緻密な万葉集の成立論といってもいいかもしれません。

徳田によると、万葉集の巻一、二は六グループに分かれます。これは通説と基本的に同じです。六グ

●徳田浄の原万葉集巻一、二グループ分け

巻一

- Aグループ　1〜53番歌
- Bグループ　54〜83番歌
- Cグループ　84番歌

巻二

- Dグループ　85〜140番歌
- Eグループ　141〜227番歌
- Fグループ　228〜234番歌

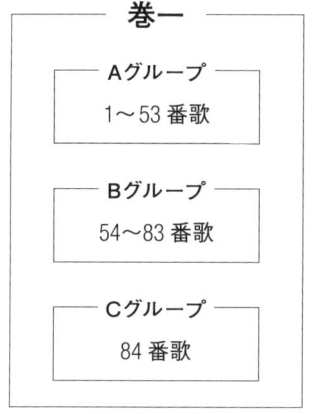

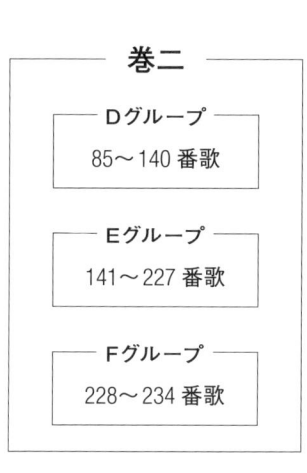

ループは、A（巻一の一―五三番歌）、B（巻一の五四―八三番歌）、C（巻一の八四番歌）、D（巻二の八五―一四〇番歌）、E（巻二の一四一―二二七番歌）、F（巻二の二二八―二三四番歌）です。徳田は二十巻すべてにわたって検討を加えていますが、巻一、二のA―Fについてはきわめて詳細に検証しています。

この成立論はひじょうに厳密で、膨大なデータを動員しています。したがって、細かく紹介することはできませんので、『万葉集撰定時代の研究』から結論だけを引用します。

徳田の考証によると、万葉集はまず巻一のコア部分が成立します。つまり、Aが最初に成立したとします。その理由です。

［萬葉集撰定時代の研究］――巻一の部分成立

文武《もんむ》天皇四年三月十五日、諸王臣に詔して令文を讀習《どくしふ》せしめ又律條を撰成せしめ給ひ、更に同年六月十七日に刑部《おさかべ》親王、藤原不比等《ふぢはらのふひと》等に勅して律令を撰定せしめ給ふたが、大寶《たいほう》元年八月三日に至つて始めて成功した。所謂大寶律令であつて、翌二年にこれを讀習せしめ又天下に頒《わか》つた。右に對して別事業である國史撰修は大寶、慶雲《けいうん》の年間に日本書紀の曹案《さうあん》が成つても、まだ完璧に到らなかつた。慶雲年間に懐風藻《くわいふうさう》に含められた古詩集が成り、また萬葉集巻第一に取込まれたAの成書が成立した。

これによると、文武四年（七〇〇）～大宝一年（七〇一）に律令の草案が整います。さらに大宝～慶雲年間（七〇一―七〇七）ごろ、のちに日本書紀、古事記となる国史の草稿もできあがります。これに合わせて詩歌集の編集も一つの区切りをみます。それが日本最初の漢詩集である『懐風藻《かいふうそう》』の草案です。徳田は『懐風藻』の成立についてもくわしく論証していますが、ここではとりあげません。朝廷は漢詩集の編集に並行して、さらに和歌集の編集もすすめていきます。これが万葉集のコアとなる巻一のA部分というわけです。

巻一のコア部分に続けて、巻二が成立します。これが元明朝の和銅六年（七一三）ごろです。この経緯について、徳田はつぎのようにしるします。

［萬葉集撰定時代の研究］――巻二の成立

元明《げんめい》天皇の和銅《わどう》元年四月より和銅六年五月までの間に萬葉集巻第二の中のＤＥの成書が出來たが、前月の六年四月十六日には先に成つた新格を天下に頒《わか》たれ、前年の五年正月二十八日には稗《ひえ》田阿禮《だのあれ》の誦習した舊辭《きうじ》を太《おほ》朝臣安萬侶《やすまろ》が採摭《さいせき》して古事記《こじき》が成り、六年五月には諸國に制して風土《ふど》記《き》を上進せしめ、翌年七年二月十日には紀清人《きのきよひと》、三宅藤麻呂《みやけのふじまろ》に詔して國史を撰ばしめ給うた。

この説明によれば、巻二は和銅一年（七〇八）から和銅六年（七一三）のあいだに編集作業がすすめられます。これは和銅六年の『古事記』完成に連動しています。ここにある「新格」は飛鳥浄御原令の関連です。古事記に連動する文化的な動きは、万葉巻二のほかに風土記《ふどき》収集があります。全国の土地に伝わる風土記を朝廷に献上するように命じています。さらに、和銅七年（七一四）に、紀清人《きのきよひと》、三宅藤麻呂《みやけのふじまろ》が国史撰修メンバーへ追加的に参加します。紀清人らの国史撰修参加は養老《ようろう》四年（七二〇）に撰上される日本書紀の編集布陣の強化のため、と徳田は見ています。

つぎに巻一が増補され、巻一の最後の一首（C＝八四番歌）を残して巻一、二が完成します。この二巻は原万葉集とも呼ばれ、万葉集の核となるものです。徳田はこの二巻の完成を養老五年（七二一）のこととします。日本書紀が完成した翌年です。

巻一、二の完成は、元正朝の養老二年（七一八）の養老律令の撰定、養老四年（七二〇）の日本書紀完成に連動したとします。徳田は原万葉集といわれる巻一、二の完成を日本書紀の完成と関係していると断定しています。

つまり、万葉集巻一、二と日本書紀の編集は並行しておこなわれたと見ているのです。

［萬葉集撰定時代の研究］——巻一、二の成立

元正《げんしやう》天皇養老《やうらう》二年に藤原不比等が勅を奉じて撰した律令各十巻が成つたが、これが所謂養老律令である。養老四年五月廿一日は、是より先に舎人《とねり》親王が勅を奉じて撰する所の日本紀《にほんぎ》三十巻、

系圖一巻が成つて奏上された。これに伴つて養老五年より末年（養老八年二月三日）までの間にAにBが添加されてAB、DEの二巻が成立した。

巻一、二が養老五年（七二一）に成立したという徳田の直感は、おそらく正しい。本書が扱う万葉史観も、書紀が撰上された翌年の養老五年が起点となります。この年に、万葉集と日本書紀が連動したのです。

ただ、徳田は養老五年の万葉集巻一、二を現存するものと同一としています。原万葉集といわれる巻一、二が現在の万葉集にそのまままとりこまれたと考えています。しかし、養老五年に一応の完成をみたのは、おそらく徳田の考えたものとはちがいます。現在の万葉集より歌数が少なく、解説もついていないものが相当数あったはずです。現在の万葉集（現行万葉集、以下同）にあって「原」万葉集にない資料の一部、これが万葉史観です。この資料は『類聚歌林』からとりこまれたと考えられます。

つまり、徳田が「原万葉集」の巻一、二から感じとった時代感は、養老四年以前に藤原不比等が主導してまとめた原万葉集のものではなく、万葉史観によって風味づけされた現在の万葉集の巻一、二だったのです。

ところで徳田は、巻一、二の完成を養老律令撰定、日本書紀完成と結びつけていますが、これを時間的な関連としています。もちろん、時間的な関連の裏には、それらを完成させる朝廷の時代空気というか、気運があるわけです。徳田はそれを当然のこととして、それ以上の説明はしていません。しかし、以上見たように、養老五年の万葉集巻一、二の編集作業は日本書紀の完成と単に時間的に連動しているだけではありません。この年に万葉集、あるいは万葉史観と書紀が編集的に一体となるのです。養老四年に完成した日本書紀は、万葉史観に連動するよう養老五年に部分的に修正が加えられたのです。これが本書の主題です。万葉史観の仕組みについては、五章で紹介します。

5 養老五年の万葉集

徳田は万葉集と日本書紀編集の時間的側面を中心にとりあげていますが、編集内容そのものからも両書の関連性を指摘しています。その根拠として、万葉歌と書紀歌謡の時代的な採録頻度に相関性があること、万葉集には書紀掲載歌との重複がないこと（実際には一首あるが別系統で採録したとする）、万葉集の天皇名表記が書紀と一致していることなどをあげて、万葉集の編集が書紀をにらみながらおこなわれた可能性を指摘します。

それでも、徳田は万葉集と書紀が同じ歴史観を共有しているとまではいっていません。あくまでも、編集の気運の盛りあがり、あるいは編集作業の進め方が共通するということのようです。それにしても、万葉集と書紀の編集が相互に関連しているという徳田の指摘はほかに類を見ないものです。しかも、正しいようです。『万葉集成立攷』の歌の注記の詳細な時代考証を見ればうなずけます。

徳田の万葉集成立論は多くの示唆を与えますが、おしむらくは、徳田の指摘が表面にとどまっていることです。成立の時間的な流れに重きが置かれ、編集の動機というか、思想的な背景まで踏みこんでいません。徳田は万葉歌の時代考証にあたって、現行万葉集の巻一冒頭部の尋常ならざる解説に手をやいたのでしょう。それで、万葉集の編集的方向性と、日本書紀に流れる思想性を関連づけることができなかったのです。

万葉集は純粋に歌集として見たとき、ひじょうにいびつな形をしています。形が崩れています。歌集としては編集態度が不誠実といわざるをえません。それは巻一冒頭三―二一番歌の十九首を見れば一目瞭然です。歌の注記である題詞や左注（歌の後ろにつく解説）が歌の理解を助ける役目を果たしていないからです。巻一冒頭歌群の左注についていえば、万葉集の最終編者は歌の解説などしていません。

しかし、これまでそのことに関してだれも指摘せず放置されてきました。

徳田にかぎらず、研究者たちは万葉集の注記の異常さに目をつむってきたのです。無垢で素朴な万葉集に、おかしなことがあってはいけないのです。政治でけがれてはならないのです。俗塵にまみれてはいけないのです。しかし、事実と願望は別です。万葉集に発明など必要なかったのです。偏見と先入観を排して万葉集をながめれば、そこにありのままの万葉集が見えてきます。発明される前の万葉集を鑑賞するのです。

これまでの万葉学にあって、徳田の成立論は異彩を放っています。万葉集は純粋文学ではないというのです。万葉集の成立は朝廷の政治的な空気を映していました。

ここまで感じとっていて、徳田から万葉史観的な発想がわかなかった最大の理由は、徳田説が万葉集の有力な最終編者の一人を大伴家持としながら、その編集自体は朝廷の意向にそったものだとしたからです。権力側の政治的、文化的な気分の高揚感に合わせて万葉集が成立したと考えたのです。

万葉史観はちがいます。有力な万葉集の最終編者の一人が家持であるというのは同じですが、編者が目指すものは書紀が描く歴史の軌道修正です。朝廷の意向にそった日本書紀とは対立した存在なのです。

徳田は原万葉集の巻一、二のコアの成立を養老五年（七二一）に置きます。理由は養老二年の養老律令撰定と同四年の日本書紀完成です。これと徳田自身の時代考証によって、原万葉集のコア成立を養老五年とみちびきだしています。

しかし、書紀の完成はともかく、万葉集のコア成立は、単なる朝廷の時代空気などではなかったことを論証していきます。万葉編者側の事情があったのです。詳しくは五章「長屋王と万葉史観」で確認しますが、万葉編者側にとって養老五年でなければならない事情がありました。このタイミングしかなかったのです。

養老四年に日本書紀が完成して、直後に書紀編集を主導した右大臣藤原不比等が亡くなります。翌五年、不比等のあとを継いで長屋王《ながや》が右大臣につきます。反藤原の長屋王は、右大臣不比等主導の書紀の歴史の修正をこのタイミングではかったのです。この修正部分の情報が、万葉史観として万葉集にとりこまれたのです。それはともかく、万葉集は左注に日本書紀を引用します。その引用は巻一、二にかぎられます。少なくとも書紀の名前を出しての引用はこの二巻だけです。書紀からの引用記事は万葉歌の解説のためだけでなく、万葉史観に連動する書紀の記事への誘導に使われています。というより、万葉集の書紀引用は、明らかに読者を書紀へ誘導するためです。

引用といえば、万葉集には『続日本紀』からの引用は一つもありません。歌の数でいえば、『続紀』と重なる時代のほうが圧倒的に多いのです。万葉編者はどうして『続紀』から引用しなかったのか。『続紀』の完成が延暦十六年（七九七）と遅かったからです。ただし、徳田によれば、『続紀』（四十巻）の一―三十巻は宝亀一年（七七〇）には草稿ができあがっています。それでも、万葉編者は『続紀』を実際には見ていません。というより、見ることができなかったのです。それで引用のしようがなかったのです。これは万葉集が勅撰歌集でないことの裏づけになるかもしれません。

日本書紀の場合はどうでしょうか。現実に書紀から引用しているのですから、書紀からの引用が必要なら全巻にわたって出てきておかしくない。それが、巻一、二にかぎられるのは、どんな事情によるのでしょうか。巻一、二の編集段階で書紀を見ることができたのはまちがいありません。それなのに、巻三以降には書紀の引用がない。考えられる理由はただ一つ、巻三以降の編集に書紀を使うことができなかったのです。でなければ、使う必要がなかったのです。

万葉編者側は巻一、二の編集のときだけ、日本書紀と接触したのです。そしてこのとき、万葉集と書紀の編集が連動したのです。このタイミングで、万葉史観のデータの埋めこみと書紀の記事の書きかえがおこなわれました。

日本書紀と万葉集の編集が連動した一瞬、それが徳田が巻一、二が完成したとする養老五年です。長屋王が朝廷を牛耳って、反藤原派が日本書紀を自由にできた養老五年だったのです。


以上が、徳田浄と万葉史観の万葉成立論です。しかし、万葉集が現在の形にまとまるまでの経過は、徳田がイメージしたよりはるかに紆余曲折があります。現在の万葉集の形ができあがった平安時代にはいっても、複数種類の万葉集が存在しました。万葉集が定着した平安時代に、正統な万葉集が二種類あった可能性があります。

6 二種類あった万葉集

現在の万葉集がすでに完成したとされる平安時代に、二種類の万葉集があったのです。一つはいうまでもなく、現在に伝わる万葉集です。そして、もう一つは現存する万葉集の先行本と考えられます。これをとりあえず「先行万葉集」（以下「先行本」とも表記）とします。

二種類の万葉集が併存した、そんなことがあるのか。当然の疑問ですが、それがあるのです。藤原定家《ふじわらのていか》〔※巻末資料〕が著した『長歌短歌之説《ちょうかたんかのせつ》』で、確認というか、推測はできます。万葉集の異本はいくらでもあったでしょうが、勅撰歌集の『新古今集《しんこきんしゅう》』をまとめた定家の著作に出てくるのですから、いい加減なものではありません。

『長歌短歌之説』は、長歌と短歌の定義をするために著されました。正名《せいめい》のきっかけは、『古今和歌集《こきんわかしゅう》』です。紀貫之《きのつらゆき》ら『古今集』編者が、長歌を「短歌」と表記したため、長歌と短歌に混乱がありました。長歌を短歌と表記したのは、『古今和歌集』巻十九の「雑躰《ざってい》の歌」です。ここに「短歌」として長歌が五首並びます。五首の作者は、読み人しらず、貫之、壬生忠岑《みぶのただみね》、凡河内《おおしこうちの》躬恒《みつね》、伊勢です。

紀貫之らは、タイトルに「短歌」と書きながら、実際には長歌をつくっているのです。それで混乱が生じました。貫之らがどうして長歌を短歌と表記したのか、理由はわかっていません。しかし、日本最初の勅撰和歌集である『古今和歌集』の編者たちがそろって長歌を短歌としているのです。そのため、当時の歌人たちも本気で長歌を短歌と理解していたようです。

そこで、定家は混乱を収拾しようと、万葉集が長歌と短歌をどのように表記しているか、検証作業をしたのです。その検証結果が『長歌短歌之説』として遺《のこ》りました。このとき、定家が検証に用いた万葉集のテキストが、ここでいう「先行万葉集」です。定家が長歌と短歌の関係について検証に用いたのですから、抄本などであったはずがありません。れっきとした正本万葉集です。

『長歌短歌之説』に「先行万葉集」のすべての歌がとられているわけではありません。とりあげた歌は全文を引用しているものもありますが、大半は題詞だけを引用しています。題詞で歌を特定しているので、題詞のない長歌は一首もとりあげていません。しかし、この編集態度からして、題詞をもつ長歌はすべてとりあげていると考えてよさそうです。

現万葉集と「先行万葉集」を長歌にかぎって比較すると、現万葉集は「先行本」に歌を追加しただけのようです。つまり、現万葉集の編集段階で、「先行本」の長歌を削除するということはなかったことになります。ただし、短歌（反歌）に関しては、現万葉集にない歌が「先行本」にあります。今となっては、その理由を確認しようもありませんが、ここでは短歌は関係ありません。長歌だけにしぼります。

原万葉集といわれる巻一、二で、現万葉集と「先行万葉集」はどうちがっているか。長歌で確認します。巻一の長歌は現万葉集が十四首、定家が引用した「先行本」が十二首です。巻二は現万葉集が十九首、「先行本」が九首です。現万葉集は、「先行本」に巻一で二首、巻二で十首もの長歌を追加したことになります。巻三以降も、原万葉集にあって、「先行本」に収載されない長歌は相当数にのぼります。

ここでは、原万葉集といわれる巻一、二が問題なので、巻三以降は扱いません。

現万葉集が「先行万葉集」に追加した長歌は、巻一が三番歌（反歌一首）、一三番歌（反歌二首）です。

巻二は冒頭（八五番歌＝短歌）から一九五番歌（反歌）までにある長歌十首です。つぎの長歌一九六番歌（反歌二首あり）以降は、現万葉集も「先行本」もまったく同じです。

巻二の場合、冒頭から一九五番歌までのあいだの長歌はすべてなかったとしても、短歌はどうでしょうか。『長歌短歌之説』は、短歌の題詞、あるいは注に「短歌」と表記されていればとりあげていますが、短歌の表記のないものは反歌以外は載りません。長歌の題詞のないのと同じ扱いです。

したがって断定はできませんが、おそらく巻二は冒頭八五番歌から一九五番歌（長歌は一九四番歌）まで
でなかったとおもわれます。巻二は、「先行万葉集」に大量の歌が追加されたのです。事実、巻二冒頭は単純に歌を楽しむための編集になっていません。

日本書紀の修正情報である万葉史観は『類聚歌林《るいじゅうかりん》』からとりこまれたと考えられます。それなら『歌林』にはどのようにして組みこまれたのでしょうか。

これが長屋王が権力を握った養老五年の、書紀の改ざん記事の書きかえです。このときの作業で、書紀の記事修正情報が『歌林』に一時的に保管されたのです。それを裏づけるのが『歌林』引用の万葉歌左注ですが、「先行万葉集」に『歌林』をそのままとりこんだのが現行万葉集ということになりそうです。五章でとりあげています。

『類聚歌林』に収録された歌や解説のすべてが万葉史観というわけではありません。万葉集にとりこま

れた『歌林』の資料や情報で、万葉史観と無関係なものは『類聚歌林』のクレジットがつかなかったのでしょう。

ところで、藤原定家は十二世紀の終わりから十三世紀前半（一一六二―一二四一年）に生きています。この時点で現在の万葉集は確実に存在しています。現行万葉集が存在しながら、定家はどうして別の万葉集を参考にしたのでしょうか。歌のエキスパートが、現在に伝わる万葉集があるのを知らないはずがありません。そうだとしたら、定家は「先行万葉集」のほうを正統万葉集と判断したのです。

理由は容易に想像がつきます。「先行万葉集」と現行万葉集をくらべれば、内容の違いは一目瞭然です。万葉史観が織りこまれていない「先行本」と現万葉集を並べたら、現万葉集の異常さは歴然です。現万葉集の巻一の三―二一番歌は、まっとうな鑑賞眼をもっていれば、藤原定家でなくても採用しようとはおもいません。文学として万葉集を楽しむなら、「先行本」を優先するはずです。

「先行万葉集」と現行万葉集、二つの万葉集の完成時期は、どうなっているでしょうか。定家が使った万葉集が先、それに歌と解説を追加したものが現在伝わる万葉集とするのが自然です。この逆は考えにくい。抄本なら別ですが、すでに組みこまれている歌を、いちいちはずしていくような作業はしません。すでにあるものをはずすとしたら、明らかなまちがいがあったときだけです。

編集時期は「先行万葉集」が古く、現万葉集が新しい。これでいいとおもいますが、二つの万葉集の最終編者はだれでしょうか。通説では、大伴家持《おおとものやかもち》が万葉集の最終編者とされます。これはまちがいないでしょう。それなら、家持はどちらの万葉集の最終編者でしょうか。ふつうに考えれば、「先行本」ということになります。家持が最終編者だとしたら、「先行本」はおそくとも八世紀の終わりまでには完成していなければなりません。

現存の万葉集はどうでしょうか。「先行万葉集」に手を加えているのですから、「先行本」より早いことはありません。どんなに早くても、「先行本」とほぼ同時の完成です。同じ時期の完成だとしたら、二つの万葉集は家持がつくったことになります。この可能性は高い。というのは、現行本の三番歌から二一番歌までは、すべて同じ編集スタンスだからです。万葉歌には歌本体のほか、タイトルにあたる題詞、編者の説明である注がつきます。中でも三番歌から二一番歌の十九首は多くに題詞や左注がつきますが、ことごとく異常ともいえる細工がほどこされています。この異常な編集が一貫しているということは、同一人物が編集したことを示しているといえます。

それではなぜ、巻一の三—二一番歌のうちの三（四）番歌と一三（一四、一五）番歌だけが「先行万葉集」で抜け落ちていたのか。

原撰部最後は、「藤原宮の役民の作る歌」（五〇番歌）、「明日香宮より藤原に遷《うつ》りし後、志貴《しき》皇子の作る御歌」（五一番歌）、「藤原宮の御井の歌一首并びに短歌」（五二—五三番歌）です。それぞれ、藤原宮建設および遷都の歌です。

藤原遷都は持統天皇になってからですが、藤原京自体の計画は天武天皇がしています。したがって、原万葉原撰部の編集は、天武天皇の意向、歴史観が反映されていたはずです。しかし、原撰部の編集方針は天武が亡くなって、持統と藤原不比等によって天武の歴史観から大きくそれていきます。

徳田が指摘するように、この時点では、日本書紀と万葉集巻一、二の編集は内容的に連動していました。つまり、書紀と原万葉は、天武天皇が亡くなるまでは、原万葉集の前身ともいうべき原・原万葉原撰部と日本書紀ともに、天武の歴史観が反映されていたはずです。それが、天武が亡くなってから持統、不比等の歴史観によって全面的にぬりかえられていったのです。日本書紀が完成した養老四年以前の原万葉は、この持統、不比等の歴史観にもとづいた編集になっていたのです。

持統と不比等の歴史観にぬりかえられた万葉集、これが本来の原万葉原撰部です。養老四年以前の段階の万葉集です。そこには、現在の万葉集の一—五三番歌までのうちの三—四番歌、一三—一五番歌のない四八首がとられていたはずです。これは、藤原定家の『長歌短歌之説』があるのでまちがいありません。

天武の意向が反映した「原・原万葉集原撰部」はどんな形をしていたでしょうか。原・原万葉原撰部は、持統と不比等の編集的な影響を受けるまえの歌集ということになりますが、この段階ではおそらく、雄略朝から天武朝まで、歌番号でいえば一—二七番歌までの二七首がそろっていました。さらに、天武が亡くなったあとの歌も一部とりこまれていたかもしれません。

これが改編されたのは、天武の原・原万葉原撰部が持統朝へ引き継がれたときです。このとき、三—

四番歌、一三―一五番歌群が落とされたのです。理由は、二つの歌群が三―二一番歌の秘められた歌意の案内になっているからです。三―四番歌群は五―一二番歌の、一三―一五番歌群は一六―二一番歌の歌の案内になっています。この一九首歌群は、前半が斉明天皇の家族関係を、後半が天智天皇の出自をあばいています。

一章で、一三―二一番歌群の案内による一六―二一番歌群の解釈をしています。一章を読んでもらえば明らかですが、これが天智天皇を徹底的にコケにしています。それで持統と不比等が主導する編集で問題にならないように、天武系の歌集編者が、もともとついていた解説とともに、この二歌群を歌集から落としたのです。

万葉集のコアである巻一、二の編集の流れを表にしたものです。いわゆる原万葉集といわれるもので、原万葉集を五つの編集段階に分けています。

Ⓐ最初の「原・原万葉集原撰部」は、天武朝の編集です。天武天皇の意向が反映していたと考えられます。古事記序によると、天武は天智朝の歴史認識に強い疑問をもっていました。その修正をはかるために歴史書編集チームを立ちあげています。天武十年(六八一)のことです。天武朝の歴史観は、天智朝の全面否定で、「原・原万葉集」も天智に厳しいものだったはずです。明らかに天智をコケにする一三―一五番歌群などを含めて、現行万葉集の一―二七番歌までがすべて収録されていたと考えられます。ただし、類聚歌林引用の刺激的な題詞、左注はついていません。

Ⓑ「原万葉集原撰部」は、Ⓐ「原・原万葉原撰部」に元明朝段階の歌群が追加されて構成されます。これが編集されたのは、持統朝から文武、元明朝にかけてです。編集を管理したのは持統と、その意を受けた藤原不

●万葉集巻一、二の変遷

Ⓐ原・原万葉集原撰部（天武朝の歌群に持統朝初頭の歌の一部を追加）		
		1—27、(28—53の一部?)
Ⓑ原万葉集原撰部（和銅六年に完成）		
		1—2、5—12、16—53
Ⓒ原万葉集（養老四年までに完成の巻一、二）		
	巻一	1—2、5—12、16—53、54—83
	巻二	(85—195の一部?)、196—227
Ⓓ先行万葉集（大伴家歌集に原万葉集をとりこんだ万葉集）		
	巻一	1—2、5—12、16—53、54—83
	巻二	(85—195の一部?)、196—227、228—234
Ⓔ現行万葉集（先行万葉集に類聚歌林の歌と解説を追加）		
	巻一	1—83、84
	巻二	85—234

比等です。それで、「原・原万葉集原撰部」は天武朝から引き継がれる時点で、天智にからむ刺激的な歌は削除されました。はずされた一つが、中大兄の三山歌群（一三—一五番歌）です。

Ⓒ次の段階が本書のいう「原万葉集」です。「原万葉集原撰部」に、元明朝までの歌を追加しています。元明、不比等の意向が編集に反映されています。

Ⓓ「先行万葉集」です。元明朝に形になった「原万葉集」を巻一、二として、巻三以降に大伴家集を追加して二十巻の歌集にまとめられました。これ自体には、政治的な主張は組みこまれていません。

Ⓔ「現行万葉集」、これが現在わたしたちが目にする万葉集です。「先行万葉集」に、山上憶良の『類聚歌林』をそっくりとりこみました。『歌林』には、不比等の日本書紀改ざんを告発する万葉史観が組みこまれています。それで、もっとも目立つ巻一冒頭部に、尋常ならざる解説が並ぶことになります。

ただ、原・原万葉原撰部段階の三―二一番歌は、秘められた歌意へと誘導する解説がすべてについていたわけではありません。三―二一番歌につく異常な解説はいっさいありません。対して一三―二一番歌の解説はついていましたが、この歌群の一七―一九番歌群に出てくる『類聚歌林』引用の解説はありません。なぜなら、『歌林』引用の解説は、養老五年の初期改ざんを修正するさいにとりこまれたからです。天武朝の原・原万葉原撰部編集では、影も形もなかったはずです。

一三―一五番歌群の解説が養老五年以前についていた根拠です。この歌群は明らかに中大兄をおとしめる案内をしているのに、『類聚歌林』からの引用がありません。ということは、おそらく天武朝の時点でつくられていたのです。天智天皇が畿内倭王権の系譜にないことを暴露するために、天武朝の歌集編者たちが細工したのでしょう。

話を先行、現行万葉集の最終編者に戻します。以上の理由から、もともとあった一三―二一番歌群の解説と、『歌林』引用の解説は編集ルートが別々だったことがわかります。したがって、先行万葉集と現行万葉集が別人によって編集されたとすると、三―二一番歌が同じ編集スタンスによる解説になる可能性はほとんどありません。逆に、両書が同じ編者によって最終的に編集されているなら、二系統の解説情報が同一人物のもとにあったことになるわけで、それなら三―二一番歌群が同一スタンスで編集されて当然です。おそらく、二系統の解説はともに大伴家持の手元にもたらされていたのです。先行万葉集、現行万葉集は、ともに家持の手でまとめあげられたのです。

どう考えても、巻一冒頭の異常な左注が不比等主導の原万葉集原撰部にあろうはずがありません。同様の意味からして、「先行万葉集」に異常な解説があったら、藤原定家がこれを優先して参考にすることはありえません。もうすこし見ますが、そのまえに原万葉集の構成を整理します。

養老四年までの原万葉集巻一、二は、藤原不比等主導のもとにまとめられました。基本的には元明天皇の意向も反映されていたはずです。この原万葉集段階の編集には、万葉史観は影も形もない、ごくごくふつうの歌集でした。

ところが、このシンプルな歌集である養老四年以前の原万葉集が、大伴家持が編集する段階で日本書紀に異議申し立てをする歴史、政治の歌集へと変質したのです。万葉集を歴史書へと変質させる編集をしたのは家持ですが、その青写真を描いたのは山上憶良《やまのうえのおくら》をメンバーとするグループです。長屋王が養老五年に招集した皇太子の教育係の面々です。この教育係については五章で説明します。

日本書紀が完成した養老四年（七二〇）に、藤原不比等が亡くなっています。不比等の肩書きは右大臣、このときの朝廷のトップです。翌養老五年一月に、反藤原の旗頭、長屋王が右大臣になります。右大臣になるや、長屋王は皇太子の教育係という名目で、山上憶良らを召集します。このグループが不比等に改ざんされた日本書紀の部分修正と、その修正部分への案内を関係歌群の歌に編みこみます。これが万葉史観です。

日本書紀告発の歌群（万葉史観）はまず、山上憶良の『類聚歌林《るいじゅうかりん》』にとりこまれました。一方、家持は『歌林』とは別に大伴家の歌集を編集しており、それが最終的に養老四年以前の原万葉である巻一、二をとりこんで万葉集としてまとめられたと考えられます。これが「先行万葉集」です。

歌集を編集していた家持に、橘諸兄が原万葉集を渡したのでしょう。このとき、『歌林』も一緒に家持の手に渡ったのかもしれません。あるいは、『歌林』だけは憶良の上司である大伴旅人を通して家持へともたらされたのかもしれません。

この想像が正しければ、養老四年以前の原万葉（巻一、二）だけをとりこんだ「大伴家集」が、藤原定家が参考にした万葉集ということになります。「先行万葉集」です。これはだれが読んでも、歴史的、政治的にまったく問題のない歌集です。家持はこれを朝廷向けに公開するつもりだったのでしょう。

その一方で、万葉史観をとりこんだ万葉集を編集します。おそらく、家持は『類聚歌林』をそっくりとりこんだのです。『歌林』からとりこんだ歌が、定家の参考にした「先行万葉集」になくて、現行万葉集に存在する歌群です。『歌林』にあった歌や解説は、二十巻すべて、でなければ巻一―一六にわたって割りふられたはずです。

くり返しになりますが、『類聚歌林』からとられた情報のすべてが万葉史観と連動するわけではありません。万葉集の二割をしめると考えられる『歌林』の資料は、もともと単純な歌集の素材として『歌林』にとりこまれました。その一部、あるいは新作歌が養老五年に、日本書紀の改ざん記事を修正するための道案内とされたのです。

万葉史観はいわゆる確固とした歴史観ではありません。万葉史観自体は、文字、言葉、文、文章を読みとくための案内です。読解コードといったらいいのでしょうか。それについて簡単に説明します。

7 改ざん日本書紀を読みとく万葉コード

万葉史観というのは、万葉集の最終編者の歴史観のことです。しかし、万葉編者が主張する歴史は、万葉編者の「政治的信念」というわけではありません。万葉編者が正しいと信じる本来の歴史です。万葉史観自体には、政治、歴史的な思想背景はありません。改ざんされた歴史を修正する案内にすぎません。

もうすこし具体的にいえば、万葉史観は「日本書紀を解読するための読解ルール」です。改ざんされた文字、言葉、文、文章を読みとくための、もう一つの文法といっていいかもしれません。万葉コードともいうべき文脈読解システムです。

藤原不比等が主導したと考えられる日本書紀の歴史改ざんは、本来の歴史の全面的な変更はしていません。ほんの小さな細工をほどこすことで、内容をまったく別方向へともっていきます。

不比等の歴史改ざんは、言葉を記号化して、それに本来の意味とは別の意味づけをするという手法をとっています。改ざんのために選び出された言葉はいくつかありますが、本書の「天智東征」にからむ改ざんワードの典型が「皇太子」です。不比等の改ざんは、舒明紀から称制天智紀の「皇太子」を記号化することで、本来の書紀が指し示す皇太子を巧妙に変更します。この変更は書紀の解読ルールでは、わからないままです。この巧妙なトリックを、万葉コードはあばきだします。

言葉の意味づけの変更が、全体の文脈をとんでもない方向へ向かわせます。言葉が本来もっている意味を変更することが、いかなることか。

そのまえに、言葉の意味づけの重要さを、『論語』からつぎのエピソードを紹介します。名前と実体が整合しないことがどれほど大変なことかを教えるこの話からは、「正名《せいめい》」という言葉まで生まれました。

[論語] ——子路第十三の三〇六章

子路《しろ》曰く、衞君《ゑいくん》、子《し》を待ちて政《まつりごと》を爲さば、子將《まさ》に奚《なに》をか先にせんとす。子曰く、必ずや名を正さんか。子路曰く、是れ有るかな、子の迂《う》なるや。奚《なん》ぞ其れ正さん。子曰く、野《や》なるかな由《いう》や。君子は其の知らざる所に於いて、蓋《けだ》し闕如《けつじょ》す。名正しからざれば、則《すなは》ち言順《したが》はず。言順はざれば、則ち事成らず。事成らざれば、則ち禮樂《れいがく》興らず。禮樂興らざれば、則ち刑罰中《あた》らず。刑罰中らざれば、則ち民手足《しゅそく》を措《お》く所無し。故に君子之れを名づくれば、必ず言ふ可《べ》くす。之れを言へば、必ず行ふ可くす。君子其の言に於いて、苟《いやし》くもする所無きのみ。

現代語訳です。

子路が質問した。「衛の君主が先生（孔子）を招いて政治を任せるといったら、先生は何から始めますか」。これに孔子が答えた。「まっさきに名前とその実体を正しく関連づけることをするね」。これを子路が怪訝《けげん》におもってきいた。「そんなことをするんですか。先生はまどろっこしい、どうしてあたりまえのことを確認するのですか」。孔子が呆れていった。「だから粗野といわれるんだ、由（子路）は。君子は知らないことに関しては、言葉をつつしむものだ。だいたい、名前が実体と一致しないと、何かしようとおもって言葉を発してもそれが正しくおこなわれないではないか。いったことが正しくおこなわれなければ、やろうとすることが実現しない。正しいことが実現されなければ、世の中の関係を正しく律する礼楽がおこなわれない。礼楽がおこなわれなければ、刑罰が公正におこなわれない。刑罰が公正でなければ、人々が安心できる身の置きどころがなくなってしまう。君子が名を発するということは、その名で表される実体について発言していることなのだ。言葉を発すれば、その実体が正しく実現されるということが前提なのだ。君子の発言は、その名で表される実体をいっているわけで、いいっぱなしでいいということはないのだよ」。

この話には説明が必要です。孔子の弟子である子路が質問にあげた衛国の君主とは、衛の霊公の後継者、出公輒《しゅっこうちょう》のことです。霊公が亡くなったとき、衛の名目上の皇太子は蒯聵《かいかい》でした。しかし蒯聵は、霊公夫人の南子《なんし》がふしだらだということで、南子の殺害をはかって失敗、霊公が亡くなったときには衛にいませんでした。それで、本来なら皇太子の蒯聵が継ぐべきなのに、蒯聵の息子の輒《ちょう》が継ぎます。

これを孔子は是としません。順序を重んじる儒教のおおもとだけに、皇太子が君主を継がない、継げないことを疑問視したのです。皇太子が存在するのに、君主になれない制度はおかしいのではないか。君主になれない皇太子とはいったい何なんだ、というのが孔子の思いだったのです。それで、言葉と実体をもう一度見直す必要性を説いたのです。

皇太子が位を継承できないことがいかに重大なことか。これ一つで「正名」という言葉まで生まれたのです。それなのに、日本書紀は皇太子をどのように扱っているでしょうか。万葉史観が狙いうちする中大兄の皇太子については、もうメチャクチャです。

このメチャクチャな皇太子は、これまでの日本書紀の文法、コードでは合理的な解釈はできません。これを解釈したつもりでも、それはまちがった解釈でしかありません。これをどのように読みとくか。万葉コードが書紀の読解を案内します。改ざん記事を修正します。舒明紀から称制天智紀の皇太子で確認します。具体的には本書の第二、三、四章で検証しますが、ここでは万葉史観、万葉コードについて説明します。

『論語』の皇太子は、本来の皇太子が正しく遇されずに混乱を引きおこしました。日本書紀の皇太子、舒明紀から称制天智紀の皇太子は単なる記号に置きかえられました。記号なので、それがだれか特定できません。中大兄かもしれませんし、ちがうかもしれませんが、見た目は中大兄です。

記号としての「皇太子」の意味づけの変更は、藤原不比等が主導した書紀改ざんによります。この手口については二章以降で具体的に確認しますが、従来の歴史認識とあまりにかけ離れているので、にわかには信じられないとおもいます。そこで、本題にはいるまえに、不比等の歴史改ざんの手口と、それをあばく万葉史観について、そのシステムを見ておきます。

日本書紀を読みとく四つの構造

日本書紀はいくつかの編集スタンスで改編されています。書紀は少なくとも四つの編集が重層的に積みあげられていて、これを解読するために四つの文法というか、コードが用意されています。一つは漢文そのものです。二つ目が本来の日本書紀です。三つ目が不比等による歴史改ざんです。四つ目が山上憶良らによる改ざん記事の書きかえ、修正です。万葉史観です。

一つ目の漢文による読解ルール（一）は、まさに漢文法そのものです。そのまま日本語にも、英語にも翻訳できる読解ルールです。

二つ目の日本書紀のルール（二）。こちらは基本的に漢文の文法に依拠しながら、漢文では解釈できない意味づけを言葉にほどこします。一見すると漢文、漢語にもかかわらず、正統派の漢語では理解不能の意味づけをしています。この操作をうけた文脈は、本来の漢文、漢語で理解しようとするとまったく意味不明ですが、日本書紀としては一貫したルールです。日本書紀コードというべき読解ルールです。

三つ目の歴史改ざん（三）は一見、書紀コードにのっとっていますが、このコードで解釈できる記事はきわめて限定的です。不比等らによる記事改ざんの解釈だけに有効です。改ざんされた記事は、書紀コードの記事というか、記号としての言葉や文の意味、内容をことごとく変更していきます。

四つ目の万葉コード（四）は、不比等によって改ざんされた記事を正しく解釈させる、これまたきわめて限定的なルールです。改ざんされた記事を、書紀コードの意味、内容に復元、案内するものです。

不比等の歴史改ざんは、言葉を記号に置きかえて、本来の言葉に付与されていた意味を別のものへと転化するというものです。その典型例がすでにとりあげた「皇太子」です。書紀に出る皇太子、ここでは舒明紀から称制天智紀の皇太子が、どのように意味づけされているかを見ます。通説では、舒明紀から称制天智紀の皇太子は中大兄ということになっていますが、これでいいのか。改ざんコードで中大兄とされる皇太子がどう記述されているかの確認です。

一、漢文コード

漢文としての「皇太子」は、次代の君主（天皇、王）になるべき皇子、王子です。皇太子とはもともとは一般名詞です。「天皇、王の唯一の後継者」、これが辞書的な意味の皇太子です。皇位、王位を継承しなければ皇太子ではありません。これがどの言語にも共通する皇太子です。

二、日本書紀コード

それなら書記コードの皇太子はどのように規定されているのでしょうか。

これが意外というか、皇太子は固有人名のかわりとして出てくるのがふつうです。もちろん、見た目は普通名詞として出てくることがありますが、この場合は一つのパターンにかぎられます。皇子の立太子記事だけです。立太子記事では、立太子する人物はあらかじめ決まっています。したがって、この皇太子も特定の人物と一体です。書記コードによる皇太子は、特定の人物と必ず結びつきます。

皇統記である書紀の立太子の記事は、立太子する人物を単に特定するだけではありません。立太子する人物に特別かつ厳密な条件を課します。それが肩書きです。立太子する人物は、その名前に「皇子」あるいは「尊（命）」がつくことが絶対条件になっています。これは書紀コードのもっとも基本のルールの一つです。これを立太子の記事で確認してみましょう。立太子の記事は神代紀をのぞいて多数出てきますが、このルールからはずれるケースは皆無です。ある人物をのぞいて！

1 「年十五にして立ちて（皇）太子と為る」（神武即位前紀）
2 「皇子神渟名川耳尊《かみぬなかわのみみ》を立てて、皇太子とす」（神武紀）

3「甥の足仲彦《たらしなかつひこ》尊を立てて皇太子とす」（成務紀）
4「草壁《くさかべ》皇子尊を立てて、皇太子とす」（天武紀）

1はみずからが立太子する記事です。この構文はある天皇がふり返って立太子したときに使われます。当事者である天皇紀のプロフィール紹介記事として出てくるので、主語は天皇ということになります。1で立太子するのは神武天皇です。

2、3、4はだれかに皇太子に立ててもらうパターンです。2、4は皇太子になる人物名は天皇の子どもです。天皇の子どもは皇子なので、当然皇子がつくので問題ありません。気になるのが3です。足仲彦は仲哀《ちゅうあい》天皇のことです。仲哀は天皇の子どもではありません。景行天皇の子どもの日本武尊《やまとたける》の子どもなので、天皇の孫ということになります。天皇の孫は王の肩書き表記になりますが、父親が天皇でない王が立太子するときは「王」ではなく「尊」と表記されます。つまり書紀コードによれば、立太子するのは皇子あるいは尊がつく人物だけです。これも例外がありません。

これを整理すると、書紀コードが「皇太子」という単語に課した条件は、つぎのようになります。

Ⓐ 記号としての皇太子は固有名詞と同じく特定人物を指す
Ⓑ 立太子記事が出る

Ⓒ 立太子記事の肩書きは「皇子」あるいは「尊」がつく
Ⓓ 天皇のあとを継ぐ
この四つです。

三、不比等の改ざんコード

改ざんコードはいくつかの言葉を規定していますが、皇太子にかぎると、書紀コードと対立する形で出てきます。書記コードのⒶ—Ⓓにことごとくはずれます。舒明—称制天智紀の皇太子は、書紀コードが意味する古人大兄皇子から中大兄へと変更されていて、これが書紀コードと整合しません。

四、万葉コード

万葉コードは、改ざんコードが規定する意味を修正します。改ざんコードでみちびきだされる意味、内容を、本来の書紀コードの内容へと引き戻すのです。やりかたは、改ざんコードによって意味を変更された書紀の記事を、書紀コードに違反する表記へと変更します。これによって、改ざん記事が本来の書紀の記事と別ものであることを明らかにします。たとえば本来、古人大兄であるのに中大兄であるかのように変更された「皇太子」に、書紀コードに反する表記を付与します。改ざんコードによって指定の人物を変更された「皇太子」をすべてⒶⒷⒸⒹの書記ルールからはずすことによって、改ざんコードの手がはいっていることを明るみに出します。これが典型的な万葉コードによる修正です。

◆書紀の編集ルールに反する皇太子・中大兄

それでは実際に読みといていきます。舒明―斉明紀の立太子記事がどうなっているか、すべての記事を見ます。一連の記事がどのコードで規定されているか。通説では、この皇太子は中大兄とされます。

[日本書紀]――中大兄とされる皇太子の処遇

㋐舒明紀舒明十三年十月

「（舒明を）宮の北に殯《もがり》す。是れを百済の大殯と謂ふ。是の時に、東宮《とうぐう》開別《ひらかすわけ》皇子、年十六にして誄《しのびごと》したまふ」

㋑皇極紀皇極四年六月

「（皇極は）位を輕《かる》皇子に讓る。中大兄を立てて、皇太子とす」

㋒孝徳即位前紀皇極四年六月

「是の日、號を豊財天皇に奉りて、皇祖母尊《すめみおやのみこと》と曰さしむ。中大兄を以て皇太子とす」

㋓孝徳紀白雉五年十二月

「十二月の壬寅の朔己酉の日に、大坂磯長陵《おほさかしなが》に葬る。是の日に、皇太子、皇祖母尊《すめみおやのみこと》を奉りて、倭《やまと》河邊行宮《かはらのかりみや》に遷《うつ》り居す」

㋔天智称制前紀斉明七年七月

「七年の七月の丁巳に、（斉明が）崩る。皇太子、素服になりて称制す」

㋐です。この東宮開別皇子《ひらかすわけ》は中大兄とされます。舒明が亡くなったとき、皇太子の開別が舒明の誄をしたという記事です。この東宮には立太子の記事がありません。皇太子（東宮）なのに即位もしません。書紀コードに違反します。

㋑㋒は、中大兄の立太子の記事です。立太子する中大兄に皇子も尊もつきません。明確に書紀コードに反します。

㋓は孝徳が亡くなったときの記事です。書紀コードなら、皇太子は皇位を継承するはずですが、この皇太子は自分が皇位を継ぐのではなく、母親を皇位につけます。書紀コードに合いません。

㋔は、斉明天皇が亡くなったときの記事です。皇太子は当然、正式に即位するはずです。しかし、ここでも皇太子は正式即位をしないで、称制します。これも書紀コードと相いれません。

つまり、中大兄に関する皇太子記事はことごとく書紀コードに違反します。これを偶然といえるでしょうか。改ざんコードに従って記述された中大兄の皇太子記事が、一つの例外もなく書紀コードに反します。それならだれが、こんな細工をしたのか。不比等ではありません。不比等の改ざんコードは、書紀コードをよそおうことはあっても、それに違反しているとあばきたてるようなことはしないでしょう。わざと不自然な細工をして読者に気づかせるのは、改ざんコードを明るみに出そうとする万葉コード以外にはありません。

万葉コードは、改ざんコードがどのように書紀コードに違反するのかの案内をします。万葉コードで読みとく日本書紀が万葉史観です。一章以降で詳細に検証します。その答えが「天智東征」です。

一章　天智東征を詠《うた》う

いよいよ万葉歌の鑑賞です。万葉集の巻一冒頭歌群は、ふつうに読んで相当に異常です。歌自体にそれほど奇妙なことはないのですが、題詞と左注の整合性、とりわけ歌のあとにつく「左注」といわれる編集上の解説は尋常ではありません。題詞、歌本体、左注をそのままに万葉集を鑑賞することは、至難の業です。

この章でとりあげる巻一冒頭の一三―二一番歌群は、万葉集の中でも名歌として知られます。万葉集を語るときには、この中から一首や二首は必ずとりあげられます。それほどの名歌といわれるだけに、全体的に親しみやすいものばかりです。しかし、この一連の歌は、じっくりと鑑賞するとなると突然、表情をかえます。とても親しみやすいとはいえない顔を見せます。歌の案内をするはずの題詞と左注のおかげで、わけのわからない歌に豹変します。迷路にはいりこんだように、理解不能におちいるのです。

これまでは万葉集の編集ルールにそぐわない歌や解説などは、万葉編者のミスだとされてきました。この一連の歌も同じ憂き目をみてきました。常識とかけ離れた歌はさりげなく無視されてきました。鑑賞や研究の対象からはずされてきたのです。このために、万葉集の冒頭という目立つ場所に置かれ、さらに名歌とされながら、歌意や作歌事情が必ずしも解明されてきませんでした。

この章では、冒頭の歌群や編者の解説について、編者の誤りや勘ちがいとはせずに、そのまま受けいれて鑑賞します。その結果、歴史の常識とはかけ離れた事実が読者のまえに現れます。「天智天皇は東征王だった」。万世一系はつくられたものだった。信じられない世界が万葉史観です。

1 中大兄と倭三山歌

万葉史観がターゲットとする天智天皇の歌は万葉集に四首あります。中大兄《なかのおおえ》として三首、天智《てんじ》天皇としては一首です。このうち中大兄の三首、三山歌群（一三―一五番歌）が、倭《やまと》の三山を舞台にした神代の男女の三角関係を詠って、万葉歌の中でも有名です。

これが読者の関心をひくのは、香具《かぐ》山、畝傍《うねび》山、耳成《みみなし》山の恋争いを、額田王をめぐる中大兄と大海人《おおあま》皇子の妻争いと重ね合わせるためです。

「中大兄の本音なんだろうなあ」

こうおもって鑑賞すれば、興味をそそられることはまちがいないでしょう。

この歌のもつ重要性は、しかしながら、こうした人間味あふれる内容だけにあるのではありません。歌群題詞の表記が、歴史の常識と矛盾している点です。これまで研究者はこの矛盾を万葉編者のミス、あるいは原資料の不備と見てきたようです。しかし、このように思考を停止した瞬間に、さらなる歌の理解がストップします。真実の扉が閉ざされるといえるのではないでしょうか。

万葉集は二十巻に四千五百首あまりの歌が収録されています。それぞれの歌は、内容によってグループ分けされています。複数の歌をまとめて、大きく「雑歌」「相聞」「挽歌」といった章立て（部立て）がされます。しかし、中には作者、作歌事情などをくわしく説明する題詞や左注（歌の後ろの解説）がつく歌もあります。

短歌は基本的に三十一文字で表現されます。文字数がかぎられるために、歌の内容を正しく理解するのは容易ではありません。題詞や左注の多くは、そうしたあいまいさを明確にするためにつけられています。題詞と左注は漢文で書かれていますが、その記述や表記には一定のルールがあります。たとえば「御製歌」です。御製歌とあれば、これは天皇がつくった歌を指します。「御歌」とあれば、皇后、皇子、皇女がつくった歌です。それ以外の人がつくった歌は単に「歌」と表記されます。万葉集はこれを一貫させています。

万葉集の冒頭部分に出てくる中大兄の倭三山歌の題詞が、この表記ルールに明らかにはずれるのです。あまりに明々白々の異例表記のために、研究者はこれまで写本時のまちがい、原資料のミスとしてきた経緯があります。中大兄の三山歌の題詞は、本来のものではない、まちがってまぎれこんだとされてきました。本当に単純なミスなのでしょうか。

どんなにひいき目にみても、万葉集は中大兄を畿内倭王権の正統系譜に載せるつもりはなさそうです。中大兄だけではありません。万葉集は天智天皇の歌も、おとしめています。天皇の歌は御製歌と表記されなければならないのに、御歌と表記されています。巻二冒頭部の鏡王女との贈答歌（巻二の九一―九二番歌）です。終章でとりあげます。

中大兄に異議申し立てをする万葉歌の真意、万葉編者の意図を、今一度考えます。

巻一の一三―一五番歌です。

［万葉集］――巻一の一三―一五番歌群

中大兄《なかのおほえ》　近江《あふみ》の宮に御　宇《あめのしたしらしめ》す天皇　三山歌一首

香具山《かぐやま》は　畝傍《うねび》ををしと　耳梨《みみなし》と　相争《あひあらそ》ひき　神代《かみよ》より　かくなるらし　いにしへも　しかなれこそ　うつせみも　つまを　争《あらそ》ふらしき　（巻一13）

「香具山は、耳成山と、畝傍山が男らしいと、恋のつばぜり合いをしたという。古の神代でさえも、恋あらそいがあったのだから、人の時代に恋あらそいをするのもしかたないことなのだろう」

反歌

香具山《かぐやま》と耳梨山《みみなしやま》とあひし時《とき》　立《た》ちて見《み》にこし印南國原《いなみくにはら》　（巻一14）

「香具山と耳成山が畝傍山をめぐって恋あらそいをしていたとき、わざわざ、出雲の阿菩《あぼ》の大神がそれを諫めようと、播磨の印南国原《いなみくにはら》まで来られた」

渡津海《わたつみ》の豊旗雲《とよはたくも》に入日《いりひ》さし　今夜《こよひ》の月夜《つくよ》あきらけくこそ　（巻一15）

「海上の大きな旗のような雲に、夕陽がさしている。今夜の月は明るくかがやくことだろう」

右の一首の歌は、今案ずるに反歌に似ず。但し、舊本この歌を反歌に載せたり。故、今猶ほこの次に載す。また紀に曰く、「天豊財重日足姫天皇の先の四年乙巳に、天皇を立てて皇太子となす」。

歌意はここにあるとおりです。歌自体は比較的シンプルですが、わからないのが印南国原《いなみくにはら》です。唐突に出てくる地名は、風土記の神話にちなみます。出雲の阿菩《あぼ》大神が、畝傍、香具山、耳成の倭《やまと》三山が争ったときに仲裁のために出雲から倭へ出向きます。途中、播磨《はりま》の印南の地に至ったときに争いがしずまって引き返します。阿菩大神はむだ足になったことに腹をたてたのか、乗ってきた船を引っくり返して、船底にすわりこんだといいます。

神話をとりこんだ歌群ですが、ここの題詞と左注に万葉編者の細工がほどこされています。

題詞はこの歌群が中大兄の作だとします。本文より字を小さくして挿入される「近江宮御宇天皇」は「近江の宮に御《あめのしたしらしめ》宇す天皇」ということで、天智天皇を指します。中大兄はのちに天智天皇となるのでとくに問題があるようには見えません。

しかし、この題詞は看過できるようなものではありません。題詞の書き方が、万葉集の表記法にのっとっていません。

その異例な表記です。すでにとりあげましたが、再確認します。一つは天皇の子どもの中大兄に皇子がつかないこと、二つ目は天皇の子どもの歌なのに御歌となっていないことです。万葉集は天皇の子どもには「皇子」をつけます。皇子の歌は「御歌」と表記します。これには例外がありません。

これを、従来の解説書はどう見ているでしょうか。万葉集の名歌をわかりやすく解説する二つの『万葉秀歌』、斎藤茂吉《さいとうもきち》〔※巻末資料〕と久松潜一《ひさまつせんいち》〔※巻末資料〕の『万葉秀歌』はともに、一三番歌につく題詞にふれません。

一三―一五番歌の三首歌群です。茂吉は、その三首歌群の一四、一五番歌だけをとりあげて、一三番歌だけを秀歌からはずすことで題詞を無視します。本体である長歌を無視して、反歌だけをとりあげる。これは偶然でしょうか。

久松は題詞や左注が納得できない、おかしな歌は、歌自体の善し悪しに関係なく機械的に秀歌からはずしています。中大兄の倭三山歌はあまりに有名歌だからでしょうか、三首ともとりあげています。とりあげているにもかかわらず、題詞にはふれません。

斎藤茂吉も、久松潜一も、三山歌そのものをとりあげているにもかかわらず、異常な題詞については何も解説しません。著名な万葉研究者が解説を放棄するくらい、この題詞はおかしいようです。

昔は、この問題をどう見ていたのでしょうか。江戸時代の研究者がどのように受けとめていたか、確認します。

契沖《けいちゅう》〔※巻末資料〕の『万葉代匠記《まんようだいしょうき》』、賀茂真淵《かものまぶち》〔※巻末資料〕の『万葉考《まんようこう》』、鹿持雅澄《かもちまさずみ》〔※巻末資料〕の『万葉集古義《まんようしゅうこぎ》』の順に見ていきます。

〔萬葉代匠記〕

中大兄とのみかけるは、すこしいか丶とおほゆ。尊とか、皇子とか有ぬべきにや。三山の下に、目六には御の字あり。おちたるなるへし

〔萬葉考〕

○中大兄命三山御哥。命は皇太子を申す例のま丶に加つ、○御は目錄にあり、本よりも必御と有べき也。然ば命の字も落しを知、三の山は香山・畝火・耳成の三也、此山どもの事は、上にも別記にも出、さて是はかの三ノ山を見ましてよみ給へるにはあらす、播磨國印南郡に往まし丶時、そこの神集《カヅメ》てふ所につけて、古事の有しを聞してよみ給へる也、

〔萬葉集古義〕

中大兄は、近江宮御宇天智天皇の、まだ皇子にておはします時の御名、ナカチオホエと讀べし、中をナカチとよむべきよしは上に云り、（略解に、中大兄ノ命とあるべきなりといひ、即《ハヤ》く契沖も中大兄ノ尊とか、中大兄皇子とかあるべきが脱たるなるべしと云り、皆非なり、）大兄《オホエ》は、皇子と申すと同ジこ

となり、（そも〳〵此《ノ》目録にも、且《マタ》異本等にも、又書紀にも、中《チ》大兄とのみ書て、皇子とも命ともなきは、大兄と申すと、皇子と申すと同じきが故ぞ、然るを聖徳太子傳暦、職原抄などに、中大兄皇子、元亨釋書に、中大兄《ノ》王子など書《ア》るはかへりて後なり、）其《ノ》據は、書紀孝徳天皇《ノ》巻に、古人《ノ》皇子を古人《ノ》大兄ともかたみに多く書て、古人《ノ》大兄《ノ》皇子とは連書ざるにて知べし、（皇極天皇《ノ》紀に唯一《ト》ところのみ、古人《ノ》大兄《ノ》皇子とあるは、却りていかゞにおぼゆるなり、又舒明天皇《ノ》紀に、法提《ノ》郎媛生㆓古人《ノ》皇子㆒、註に更《ノ》名大兄《ノ》皇子とあるも甚疑はし、後人の書加へしものとこそおもはるれ、孝徳天皇《ノ》紀には、古人《ノ》大兄とある註に、更《ノ》名古人《ノ》大市《ノ》皇子とあるをや、）私記に、昔稱㆓皇子《ヲ》㆒爲㆓大兄《ト》㆒、又稱㆓近臣《ヲ》㆒爲㆓少兄《ト》㆒也、と見えたるが如し、但し集の例にて、日並《ノ》皇子《ノ》尊、高市《ノ》皇子《ノ》尊などある例なれば、こゝも中《チ》大兄《ノ》尊とあるべきものならむとも思ふべけれども、こゝは未《ダ》皇太子に立給はぬ間に作給《ミ》へる御歌なれば、猶もとのまゝに記せるならむ、なほこの大兄の御傳は下に委《ク》云べし、

ここに出る「目六」「目録」は万葉集の歌の目録です。中大兄の歌がただの「歌」とあるのを「目録には御歌とある」として、本来の中大兄の歌は「御歌」が正しいとします。その前提で、もともと「御歌」とあったのに「歌」と表記されるのだから、「中大兄」も原資料には「中大兄皇子（命、尊）」とあったものが脱落した可能性をほのめかします。

わかりやすいのが、契沖です。彼は「中大兄」と表記されていること自体に疑問符をつけ、目録を支

えに「皇子（命、尊）」が「おちたるなるへし」と断定します。

賀茂真淵も契沖の流れをくむだけあって明快です。肩書きの「命」は皇太子につくので、皇太子である中大兄は「中大兄命」と表記されるべきである。だから、自分としては「中大兄命三山御哥」の表記をとったと説明します。契沖、真淵とも絶対の自信のようで、説明の必要性さえ感じていないようです。

鹿持雅澄は、二人とちがって、比較的ていねいに説明しています。それまでの説の代表として、『略解』（加藤千蔭〔※巻末資料〕の『万葉集略解』）と契沖をとりあげて、従来説を否定します。従来説は、本来の資料には「中大兄」に「命」あるいは「皇子」がついていたというものです。雅澄はこれを「中大兄尊とか、中大兄皇子とかあるべきが脱けたと云えるは、みな非なり」と一蹴した上で、つぎの見解を示します。

「大兄は、皇子と同じことなり。そもそも目録にも、異本等にも、又た書紀にも、中大兄とのみ書きて、皇子とも命ともつかない。大兄の肩書きに、皇子など書けるは後のことなり」

雅澄は「大兄」自体に皇子と同じ意味があるとします。その根拠として、中大兄の歌を「御歌」とする目録が「中大兄」と皇子をつけずに表記していること、ほかの万葉集の異本もそろって「中大兄」として例外がないこと、さらには日本書紀が「中大兄」と表記して「皇子」がつかないことをあげています。たしかに、それぞれは事実ですが、「大兄」に命や皇子がつかないというのは正しくありません。

雅澄自身があげているように、中大兄のライバルである古人大兄には皇子がつきます。古人大兄だけではありません。中大兄以外で名前に大兄をもつ皇子は、大兄皇子と表記されます。具体的に例をあげます。

継体一年………勾大兄皇子《まがり》（安閑天皇）
欽明一年………箭田珠勝大兄皇子《やたのたまかつ》（欽明天皇の長子、敏達天皇の兄）
敏達四年………押坂彦人大兄皇子《おしさかひこひと》（舒明天皇の父）
推古三十六年…山背大兄王《やましろ》（聖徳太子の嫡子）
皇極二年………古人大兄皇子《ふるひと》（舒明天皇の長子）

皇子だけではありません。王もつきます。鹿持雅澄は古人大兄皇子が例外であるかのように説明しますが、これらの皇族は複数回にわたって大兄皇子、大兄王と表記されています。だいたいにして、大兄王とあることからも、「大兄」が「皇子」と同じということはありません。大兄についてははっきりしたことはわかっていませんが、書紀を読むかぎりでは、皇子や王より格が上のようです。印象でいえば、皇太子候補といった感じです。

事実、ここにあげた五人は、すべて天皇をねらえるポジションにありました。勾大兄は実際に安閑《あんかん》として天皇になっています。箭田珠勝大兄は、本来は天皇になるはずでしたが、若くして亡くなったようで、弟が敏達《びたつ》天皇になります。押坂彦人大兄は敏達天皇の嫡子ですが、蘇我氏との権力抗争で即位しそこれたようです。山背大兄は田村皇子（舒明天皇《じょめい》）と皇位を争いますが、蘇我蝦夷《そがのえみし》の横やりで、やはりなりそこねます。古人大兄は、蘇我入鹿《そがのいるか》が天皇にしようとした皇子です。

つまり、中大兄のように、皇太子までなって皇子がつかないほうが異例なのです。

中大兄については、江戸時代から扱いに頭を痛めていたようです。それほど問題のある人物ということですが、現在はどう見られているでしょうか。代表として、沢瀉久孝《おもだかひさたか》〔※巻末資料〕の『万葉集注釈《まんようしゅうちゅうしゃく》』を紹介します。

［萬葉集注釈］――中大兄三山歌の一三番歌題詞解説

…前略…　近江宮御宇天皇は元暦本その他の古寫本に小字で書かれてをり、中大兄の注として加へられたものと思はれる。天智天皇の意。近江宮については、下に述べる。三山は香具山、畝傍山、耳成山をさす。略解にはここにも「御歌」とあるべきを誤つたと述べてゐる。皇太子の御作であるから集中の例から云へば「御歌」とあるべきところであるが、中大兄にも皇子を加へず、集の資料本にかう書留められてゐたまゝを錄したものと思はれる。

例外表記はミスの可能性があるわけですが、編集上のミスの可能性については、『万葉集略解』にまかせています。沢瀉は単なるミスとはしていません。万葉集にとる以前の資料にあったものを、そのまま載せたのではないか、と見ています。もとの資料はメモみたいなものをイメージしているのでしょうか。

沢瀉の説が今の代表的な考えとしていいとおもいますが、万葉集の題詞や左注の尋常でない解説をどうとり扱うか、研究者が頭を痛めていたことがわかります。

◆中大兄を皇子と認めない日本書紀

先入観にとらわれずに、一三番歌の題詞をそのまま受けいれます。するとどうなるか。

中大兄は本来ならつくべき「皇子」がつかない。歌は「御歌」表記であるべきなのに、単に歌と表記される。皇子がつかない中大兄は天皇の子どもでない。「御歌」と表記されない中大兄は皇子でない。中大兄がのちに称されるようになる天智天皇は、倭《やまと》王権の正統な継承者ではない。三山歌の題詞は、そう訴えているのです。

三山歌の異例表記が編者の万葉編集スタンスそのものだとするなら、「中大兄は天皇の子どもでない」「天智天皇は皇子でなかった」。これ以外の答えはありません。

ところが、歴史の常識、万葉集以外の文献によれば、中大兄は舒明天皇の皇子です。中大兄はのちに天智天皇となります。この立場に立てば、万葉集の解説はまちがいだ。まちがいは編集上のミスだ。原資料がメモ程度のものだった。こう結論づけられるのです。

しかし、これまでの常識が一〇〇パーセント正しいとはいえません。もうすこしていねいに文献にあたる必要があります。

具体的にあげます。三山歌の一三番歌題詞の「中大兄」です。通説では万葉集で中大兄に皇子がつかないのは異例だとされています。本当でしょうか。中大兄が「中大兄皇子」と表記されるのがふつうだというのは、何を根拠にいっているのでしょうか。鹿持雅澄が指摘したように、日本書紀には「中大兄皇子」の表記は一つもありません。書紀には中大兄が二十回以上にわたって出てきますが、ただの一度も「中大兄皇子」と表記されていません。中大兄は「中大兄」と表記する、これが日本書紀と万葉集のルールなのです。中大兄と一体の藤原鎌足をとりあげる『藤氏家伝』でも中大兄は「中大兄」表記で、「中大兄皇子」はありません。

日本書紀に出てくる「中大兄」表記の全記事の原文読み下しは、二章でとりあげます。

もう一つの「御歌」はどうでしょうか。万葉集では、皇后、妃、皇太子、皇子、皇女の歌は「御歌」と表記されます。皇子であり、皇太子である中大兄の歌は「御歌」と表記するのがあたりまえですが、そうなっていない。天皇の奥さん、子どもたちの歌が「御歌」と表記されるのは万葉集の約束事です。それなのに、中大兄の歌だけが「御歌」とされません。

それでは、万葉編者は、歴史の常識に合わない三山歌の題詞と左注で何を読者に訴えようとしたのでしょうか。

万葉集はどの本も、題詞の「近江宮御宇天皇」の文字サイズがさげられています。理由はのちの注だからです。左注ものちの注、解説です。左注が三山歌の三首目一五番歌は「反歌にみえない」というのですから、本来は反歌でなかったと自ら告白しているようなものです。とすると、沢瀉がいう、のちの解説をのぞいた三山歌の原資料は、つぎのようになっていたことになります。

中大兄三山歌一首

高山波雲根火雄男志等耳梨與相諍競伎神代従如此尓有良之古昔母然尓有許曾

虚蟬毛嬬乎相挌良思吉

反歌

高山与耳梨山与相之時立見尓來之伊奈美國波良

これ以外の情報はないことになります。

以上の情報から読者が理解できることは何でしょうか。題詞によると歌を詠んだのは「中大兄」という人物です。皇子ではありません。「王」もつかないので、いわゆる皇族ではないかもしれません。一首目の歌の詠目は倭《やまと》の三山です。倭の三山には男女の三角関係のもめごとがあったようです。長歌に反歌がつきます。反歌も倭三山歌の男女のもめごとに関連しますが、場所は倭から離れて播磨の印南になっています。

これが中大兄が詠んだとされる三山歌の情報のすべてです。原資料をそのまま万葉集にとりこんだだけだと、読者は以上の情報しかえられないことになります。

これでは困るので、万葉編者は題詞に注をいれたり、左注で解説しているわけです。したがって、編者があとでつけ加えた注釈、解説がなければ、原資料の歌は正しい理解ができないということになるわけです。

確認します。三山歌の題詞には一つだけ注釈がつきます。中大兄に対してです。わたしたちは万葉集のこの注を見なくても、中大兄が天智天皇であることを知っています。その知識は日本書紀や『藤氏家伝』などからえています。中大兄に関しては、書紀と『家伝』とも同じ資料をもとに記事をつくっているようですが、基本的には中大兄が天智であるという常識は書紀がもとになっています。

しかし、万葉編集当時は、中大兄が天智と同一人物というのは常識ではなかったようです。天智はともかく、中大兄という名前は当時はまったくの無名だったのでしょう。これは想像でも何でもありません。万葉集が、中大兄がだれなのかを、親切にも読者に教えているからです。すでにとりあげた一三番歌題詞の注「近江宮御宇天皇」です。

万葉集にはあまたの皇族が登場します。皇子も当然、たくさん出てきます。皇子は天皇の子どもだけに、いずれも有名人です。万葉集を読むくらいの知識層なら皇子の素性を知らないわけがありません。その証拠に、万葉集の編集ルールでは、皇子の出自についての説明はしません。その唯一の例外が中大兄です。

それでは、人物を説明することはないのか、というとそれはいくらでもあります。たとえば天皇の孫以遠の王クラスとなると、題詞で「某皇子の子である」といった注がつきます。天皇の孫、曽孫クラスになると、知らない人も多いからです。さらに皇族以外にも、それなりの説明がつきます。

くり返しますが、天皇の子どもである皇子で人物説明がつくのは中大兄くらいのものです。中大兄は逆の意味で別格なのです。名前に皇子をつけてもらえない。歌を御歌と表記してもらえない。注をつけてもらわないと天智の皇子時代の名前だと認知してもらえない。題詞は中大兄という名前が無名だと、ことさらいっています。

本書は万葉集と日本書紀に「中大兄皇子」表記がないことから、中大兄に皇子がつかないのが本来の形だとしました。もちろん、根拠はこれだけではありません。書紀と同時代の文献である『藤氏家伝』にも、「中大兄皇子」表記はまったく出てきません。中大兄に皇子がつかないというのが、八世紀前半までの約束だったのです。しかし、それ以降になると、中大兄に皇子がつくようになります。理由は、中大兄が皇太子だというのが常識になっていくからです。

中大兄に皇子がつく文献で、比較的早く編集されたものとして『聖徳太子伝暦《しょうとくたいしでんりゃく》』があります。聖徳太子の一生を描く、いわゆる太子本といわれるものです。その太子本がどういうわけか、太子が亡くなってから二十年以上もあとの孝徳朝まで続きます。その最後の記事が乙巳《いっし》の変《へん》です。山背大兄王一族を滅亡させた蘇我入鹿を、中大兄が殺害して、蘇我本家を滅亡させる事件です。内容は書紀と基本的に同じです。『伝暦』では孝徳朝のこととして出てきますが、書紀では皇極朝事件です。

『伝暦』でもっとも早い「中大兄皇子」を確認します。

［聖徳太子伝暦］——孝徳天皇＝中大兄皇子の初出

孝徳天皇〈諱ハ、天万豊日天皇、難波ノ長柄《ながら》豊前《とよさき》宮ニ、治メタマふこと十年。〉

元年〈乙巳〉即ち大化元年ト為。済明《(マヽ)》天皇ノ四年也。初テ蘇我臣入鹿ヲ、時ノ人、太郎ト称ス、是也。君臣之序ヲ失ヒ、社稷《しゃしょく》ノ（之）権ニ関《アヅ》カル。時に于て、天皇及び中大兄《ノ》皇〈天智天皇也。〉之ヲ患へて棄テント欲すレドモ、恐らくハ済《な》ランコト能ハ不《ジ》（也）。中臣鎌子連〈今ノ藤原氏ノ祖也。〉性為《ヒトトナリ》正ニシテ、匡済《キャウセイ》ノ（之）心有リ。二ノ皇子与《と》相ヒ謀《タバカ》ツテ、中《ノ》大兄皇子ヲ令《シ》テ権《カリ》ニ蘇我《ノ》山田《ノ》石川麿《(マヽ)》呂大臣ノ女ヲ娶《メト》ラ《令《シ》》ム。……略……

もっとも古い文献である記紀万葉（古事記、日本書紀、万葉集）の書紀と万葉集に中大兄が出てきて、いずれも皇子をつけません。書紀とほとんど同時代の『藤氏家伝』も、乙巳の変が出てきて、その記事の中大兄に皇子がつきません。それが、書紀や万葉集より半世紀、あるいは一世紀以上あとの文献に「中大兄皇子」表記が出てきます。どちらが本来の表記か、これは明らかです。

『伝暦』は基本的に日本書紀に異議申し立てをする書です。しかし、『伝暦』が編集される奈良時代末から平安時代は、藤原氏の権力基盤が確立しています。中大兄が天智天皇の即位前の名前であることも常識になっていたでしょう。そうした中で、書紀にあるからと、中大兄に皇子をつけないのは危険だったに違いありません。あるいは、天智天皇を立てたのでしょうか。

◆東征に失敗した中大兄

話を三山歌に戻します。左注はどうでしょうか。三山歌左注前半「右の一首の歌は、今案ずるに反歌に似ず。但し、旧本この歌を反歌に載せたり。故に、今この次に載す」の最大の狙いは、本来はなかった三首目一五番歌を三山歌のグループに入れるためのイクスキューズです。理由は中大兄が倭《やまと》以外で三山歌を詠ったことにするためです。これから確認します。

題詞に続いて、左注についても何の先入観をもたずに読んでみます。左注前半が「1」、後半が「2」です。

1　右の一首の歌は、今案ずるに反歌に似ず。但し、旧本この歌を反歌に載せたり。故、今この次に載す

2　また紀に曰く、天豊財重日足姫《あめとよたからいかしひたらしひめ》天皇の先の四年乙巳に、天皇を立てて皇太子となす

ここでいいたいことは想像できます。原資料にはなかった三山歌の三首目一五番歌を、三山歌群にいれるためです。まさに突っこみとボケを編集者一人でやっています。

1　本来関係のない歌だが、原資料には三山歌のつぎに置かれているので三山歌群にいれた。三山歌二首はどこで歌ったかはっきりしないが、三首目があることで、中大兄が歌を詠ったのは海の見えるところに誘導される。すなわち作歌の現場は畿内倭《やまと》ではなく、印南《いなみ》である。

左注の後半です。左注が引用する「紀に曰く」は日本書紀のことです。天豊財重日足姫天皇は皇極、斉明のことです。「先の四年」とあるので、最初の天皇名である皇極四年の記事を引用していることになります。

2　書紀の皇極四年の記事に、中大兄を孝徳朝の皇太子にするとある。題詞の中大兄はこの皇太子である。

したがって、ここは歌群の作者である中大兄が、日本書紀が孝徳朝の皇太子とする、あの「中大兄」ですよ、のちの天智天皇ですよ、とダメ押ししていることになります。これはとりもなおさず、書紀が皇太子と表記する中大兄は皇子なんかではありえない、と主張しているのです。

というよりは、中大兄は書紀の中でも皇子でない、といいたいのです。万葉編者は、万葉集で中大兄を皇子でないと明記して、その上で、「皇子でない中大兄が日本書紀の中では、孝徳朝の皇太子になったと記述されていますよ」と読者を案内しているのです。中大兄の立太子記事は、藤原不比等による歴史改ざんで挿入されたと考えられます。三山歌左注は、これを告発しているのです。

左注のいう書紀の記事です。この記事のくわしい解説は二章にあります。

〔日本書紀〕——皇極紀皇極四年（六四五）六月＝中大兄の立太子

庚戌に、位を軽皇子（孝徳天皇）に譲りたまふ。中大兄を立てて、皇太子とす。

三山歌の題詞と左注の編者は、日本書紀で中大兄に皇子のつかないことを知った上で、三山歌題詞の中大兄に皇子をつけず、皇子のつかない中大兄の立太子を狙いうちしているのです。中大兄の異例表記はミスなどではありえません。万葉編者の確信の筆です。

題詞、歌本体、左注を、編者になったつもりで解説します。

題詞です。中大兄が倭《やまと》の三山をテーマに歌をつくりました。作者の中大兄は天智天皇のことです。皇子でない中大兄がのちに天智になったのです。

長歌です。香具山、畝傍山、耳成山には男女の三角関係の争いがあって、それを詠っています。倭の三山が目の前にあるようです。

最初の反歌です。これまた倭三山にからむ歌です。倭の三山の妻争いを仲裁するために、出雲の大神が畿内倭へ向かいます。航路は出雲から関門海峡を通って、瀬戸内海を東へ向かいます。途中、播磨《はりま》の印南《いなみ》に来たところで、争いがおさまります。大神は倭まで行かず、印南で引き返します。

ここまででは、歌がどこで詠われたのか、確定できません。しいてどこかと問えば、倭ということになりそうですが、それでは万葉編者は困ります。詠われた場所は畿内倭ではいけないのです。中大兄が倭にいたのでは、万葉史観に合わないのです。

そこで、二番目の反歌、一五番歌の登場です。読んでおわかりのように、明らかに大海原の立派な雲を詠ったもので、この歌は倭三山とは関係ありません。しかし、この歌群には海で詠った歌が欠かせません。それで強引に三首目をもってきたのです。「渡津海の豊旗雲に入り日差し」は、大海原に浮かぶ雲に夕日がさす光景を目のあたりにして詠っていることは明らかです。これによって、倭三山歌は海で詠われたことが確定します。

中大兄は印南沖の船上で倭三山歌を詠ったのです。万葉編者としては、そうでなければならないのです。これまでの理解では、三山歌は百済救援で畿内から筑紫へ行く途中で詠われているのに対し、万葉編者は、阿菩《あぼ》大神を登場させることで、筑紫から畿内へ向かったとおもわせようとしているのです。

そして左注です。左注が皇極四年の中大兄の立太子に疑問を投げかけています。

三山歌は厳密にいうと、題詞と左注、歌本体とで異なる二つのことを訴えています。題詞、左注では中大兄が皇子でないこと、歌本体で天智東征、天智が筑紫からやって来たことです。ここでは歌本体を見ます。

歌本体の編者のメッセージは、倭《やまと》で詠まれた歌群を、印南、つまりは畿内倭以外で詠まれたことにすることです。この変更の真の狙いは、倭の住人とされている中大兄が倭と疎遠なのをほのめかすことです。中大兄は倭とは縁がないことを示唆しているのです。

さらにこの三首歌群は、中大兄が倭の住人でないばかりか、倭を征討しようとしたことまでほのめかしています。中大兄は筑紫から倭へ攻めのぼろうとしていたのです。反歌の一四番歌がそれを暗示します。

香具山《かぐやま》と耳梨山《みみなしやま》とあひし時《とき》　立《た》ちて見にこし　印南國原《いなみくにはら》

この歌には直接出てきませんが、この節の最初でふれたように、出雲の阿菩《あぼ》大神が倭三山の三角関係の仲裁にはいろうとして、途中で引き返す神話にもとづいています。出典は『播磨国風土記』です。

［播磨国風土記］――揖保郡

出雲國の阿菩《あぼ》大神、大倭《やまと》國の畝火と香山と耳梨の三山が相ひ闘ふと聞きたまふ。此こに諌め止めむと欲して、上り來まし時、此處に到る。乃ち闘ひ止みぬと聞かして、其處で乘らせる船を覆《くつが》へして、之れに坐《いま》しき。故、神の阜《おか》と號《なづ》く。阜の形、覆へしたるに似たり。

阿菩の大神は船で関門海峡を通って瀬戸内海を航行しています。瀬戸内海を東へ向かって航行しています。しかし、倭三山の争いは阿菩の大神が印南国原《いなみくにはら》、つまり播磨灘に至ったところで解決してしまいます。争いの仲裁に向かっている途中で争いが解決したといって大神が腹を立てる。腹を立てるどころか、乗ってきた船を引っくり返しています。

風土記にある神話なので、その信ぴょう性を云々しても始まりませんが、万葉編者がこの歌を中大兄の歌として採録したのには理由があったはずです。その理由、万葉編者は阿菩大神と中大兄を重ね合わせているのです。

おそらく、天智天皇は中大兄時代、畿内倭《やまと》へ攻めのぼっています。しかし、これは倭王権にはばまれて実現しません。大神が船を引っくり返したのと東征の失敗を、イメージ的にダブらせているのです。

2 時代順に並ぶ巻一冒頭歌群

日本書紀によると、斉明天皇の筑紫遠征は唐と新羅に攻撃された百済を救援するためということになっています。斉明は筑紫入りしてすぐに朝倉橘広庭宮《あさくらのたちばなひろにわ》に遷宮しますが、朝倉宮で急死します。そのため百済救援を果たせずに、亡骸《なきがら》となって倭へ戻ります。

しかし、斉明の筑紫遠征は百済救援ではなかったのです。斉明が軍船団を組んで筑紫へ乗りこんだのは、のちに天智天皇となる筑紫王権を征討するためだったのです。しかし、筑紫征討は失敗に終わり、斉明軍、斉明が亡くなってから大海人軍は、そのまま難波に逃げ帰ります。難波へ向かう大海人軍団を筑紫王権の軍団が追討しますが、今度は逆に播磨灘で倭王権の返り討ちにあって逃げ帰ります。中大兄の倭三山歌の二首目はこのときの状況をイメージさせようとしているのです。

単なる想像ではありません。中大兄の三山歌群が斉明朝の時代の最後に置かれていることが、それをものがたっています。

万葉集の巻一は原則として、時代順に歌が並びます。だとすると、斉明朝の最後に置かれた三山歌群は、斉明朝の最後の歌ということになります。これが万葉編者の歌配置の時代認識です。歌の配列が自分の歴史知識に合っていないからといって、これを勝手に入れかえることは許されません。
「序章」でふれた巻一の斉明朝の歌の配列はつぎのとおりでした。

8番歌　熟田津の船出の歌
9番歌　紀の温泉へ行幸の時の歌
10―12番歌　同
13―15番歌　印南沖の三山歌

念のために歌そのものを時代順にA、B、Cとして掲載します。ただし一三―一五番歌はこの章1節に既載。

[万葉集A]――巻一の八

後岡本《のちのをかもと》の宮に御宇《あめのしたしらしめ》す天皇代　天豊財重日足姫《あめとよたからいかしひたらしひめ》天皇、位後、後岡本《のちのをかもと》宮に即く

額田王の歌

熟田津《にぎたつ》に船乗《ふなの》りせむと月待《つきま》てば潮《しほ》もかなひぬ　今《いま》は漕《こ》ぎいでな　（巻一―8）

「伊予の熟田津《にぎたつ》で船を出そうと月を待っていると、船を出すのにちょうどいい潮と

なってきた。さあ、今漕ぎ出そう」

右は、山上憶良大夫の類聚歌林を検するに曰く、「飛鳥岡本宮御宇天皇の元年己丑、九年丁酉十二月の己巳の朔壬午、天皇と大后と伊豫の湯の宮に幸す。後岡本宮に馭《あめのしたしろしめ》宇す天皇の七年辛酉の春正月の丁酉の朔壬寅、御船西に征き、始めて海路に就く。庚戌、御船が伊豫の熟田津の石湯の行宮に泊つ。天皇、昔日より猶ほ存れる物を御覧して、当時忽ちに感愛の情を起こしたまふ。このゆゑに歌詠を製りて哀しみ傷みたまふ」。即ち、この歌は、天皇の御製なり。但し、額田王の歌は別に四首あり。

［万葉集Ｂ］１――巻一の九番歌

紀の温泉に幸す時、額田王の作る歌

莫囂圓隣之大相七兄爪謁氣　わが背子《せこ》がい立《た》たしけむ厳橿《いつかし》が本《もと》　（巻一 9）

「（下二句）わたしの愛しい人がお立ちになったであろう厳橿《いつかし》の本よ」

［万葉集Ｂ］２――巻一の一〇―一二番歌

中皇命の紀の温泉に往く時の御歌

君《きみ》が代《よ》もわが代《よ》も知《し》るや　磐代《いはしろ》の岡《をか》の草根《くさね》をいざ結《むす》びてな　（巻一 10）

「あなたの齢《よわい》もわたしの齢《よわい》も知っているのでしょう、その磐代の岡に生える草を結んで旅の無事を祈りましょう」

わが背子《せこ》は仮廬《かりいほ》作《つく》らす　草《くさ》なくは小松《こまつ》が下《した》の草《くさ》を刈《か》らさね　（巻一11）

「あなたは仮の庵をつくっていらっしゃいます。そのとき屋根をふく草が足りないようでしたら、あそこにある小松のしたの草をお刈りなさい」

わが欲《ほ》りし野嶋《のしま》は見《み》せつ　底《そこ》ふかき阿胡根《あごね》の浦《うら》の玉《たま》そ拾《ひり》はぬ　（巻一12）

「わたしが望んでいた紀の国の野島は見せていただきました。しかし、底が深いという阿胡根《あごね》の浦《うら》はまだですので、そこでとれるという立派な珠はまだ拾えずに手にできません」

右は山上憶良大夫の類聚歌林を検するに曰く、「天皇の御製の歌なり」。

ここには引用しませんが、一三―一五番歌群は［万葉集Ｃ］ということになります。

通説では、八番歌と一三―一五番歌群は、斉明七年の百済救援のために筑紫へ向かう途中に詠まれたとされます。その理解だと、一三―一五番歌群が播磨、八番歌が伊予で詠われたことになり、一三―一五番歌群のほうが先に詠われていなければなりません。難波から瀬戸内海を筑紫に向かって航行した場合、播磨、伊予という順に通過することになるからです。

さらに、九番と一〇—一二番の歌が詠われた紀の温泉《きのゆ》行幸は、斉明四年の紀の温泉行幸とされます。これでは、八—一五番歌の歌の並びはメチャクチャです。それで、巻一斉明朝の歌の配列は時代順ではない、とされてしまうのです。

しかし、自分の歴史認識に合わない現実を、勝手に「単なるまちがい」「編集上の錯誤」と決めつけていいのでしょうか。四千五百首という膨大な歌集、しかも強い信念をもって編集されたと考えられる最古の歌集です。それを自分の都合で、ずさんなものにしていいわけがありません。

◆書紀の記事と連動する倭三山歌

この歌の並びを、そのまま受け入れると、どうなるでしょうか。A、B、Cのそれぞれにある地名、熟田津（A）、紀国（B）、播磨印南（C）は、ABCの主体が移動した順に並んでいることになります。これが万葉編者の時間認識です。そうでないというなら、「編者の勘ちがい」「編集上のミス」などといったお題目を唱えるのでなく、しっかりと根拠を示すべきです。

これらの歌の配列が正しく時代順に並べられているとすると、歌は日本書紀のどの記事と関連するでしょうか。

A　難波→（熟田津＝8番歌）→筑紫

〔日本書紀〕斉明紀斉明七年（六六一）春正月―三月

七年の春正月の丁酉の朔丙寅（六日）に、御船西に征きて、始めて海路に就く。
甲辰（八日）に、御船、大伯《おほく》海に至る。時に大田姫《おほたのひめ》皇女、女を産む。……略……
庚戌（十四日）に、御船、伊豫《いよ》の熟田津《にぎたつ》の石湯《いはゆ》行宮に泊つ。
三月の丙申の朔庚申（二十五日）に、御船、還りて娜《な》の大津に至る。

B　筑紫→（紀温泉＝9、10―12番歌）→難波

〔日本書紀〕斉明紀斉明七年十月

冬十月の癸亥の朔己巳（七日）に、天皇の喪、歸りて海に就く。是こに皇太子、一所に泊てて、
天皇を哀慕す。乃ち口號《こうがう》して曰く、

君が目の戀ほしきからに泊てて居て　かくや戀ひむも君が目を欲《ほ》り

乙酉（二十三日）に、天皇の喪、還りて難波に泊れり。

C　筑紫→（印南沖＝13―15番歌）→筑紫

〔日本書紀〕天智称制前紀斉明七年八月

八月に、前の將軍大花下阿曇《あづみの》比邏夫《ひらふ》連、小花下河邊《かはべの》百枝《ももえ》臣等、後の將軍大花下阿倍引田《あべのひけたの》比邏夫《ひらふ》臣、大山上物部《もののべ》連熊《くま》、大山上守《もり》君大石《おほいは》等を遣して、百濟を救はしむ。仍りて兵仗、五穀を送る。

〈或本に、此の末に續ぎて云く、別に大山下狹井《さゐ》連檳榔《あぢまさ》、小山下秦《はた》造田來津《たくつ》を使はして、百濟を守護らしむ〉

巻一冒頭歌群が時間の流れにそって並べられているとしたら、書紀の記事との関係はこのようになるはずです。しかし、歌の解釈と明らかに合わない記事があります。Ａは通説とつき合わせても問題ありません。ＢとＣは従来の理解とは相いれませんが、Ｂについては説明をつけることができそうです。問題はＣです。これは書紀の記事が事実を反映していないせいだとおもわれます。

順番に確認します。

Aはこれまでの理解と同じです。斉明の西征軍が難波を出発してからの経路をしるしています。この記事の情報からは、西征軍は難波（大阪）―大伯（岡山）―熟田津（愛媛）―娜の大津（福岡）にとどまったことが確認できます。しかし、三山歌に出る播磨の印南についてはまったくふれられていません。当然で

●斉明天皇西征・天智天皇東征経路

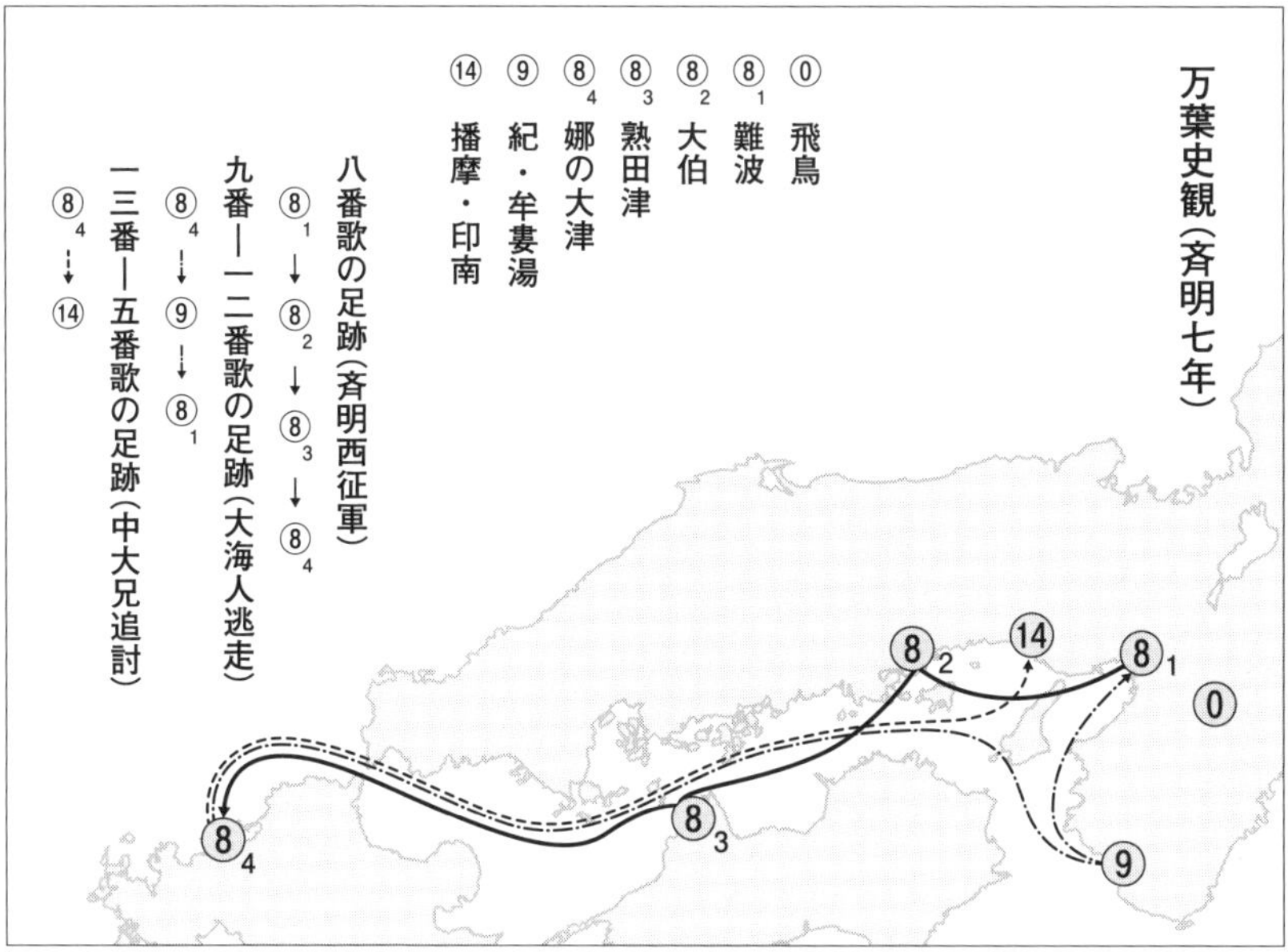

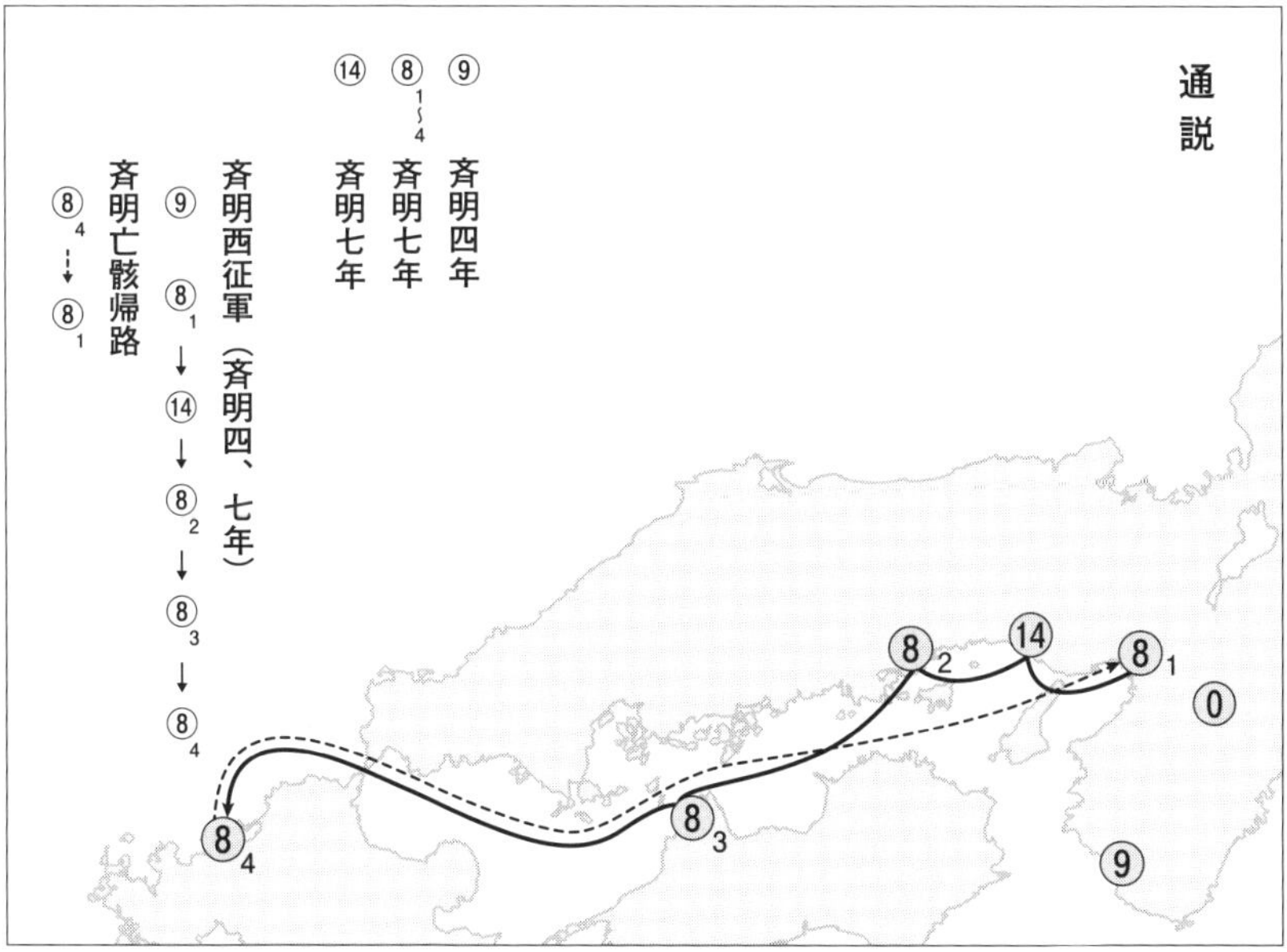

す。中大兄の倭三山歌群はこのときに詠われたのではないからです。いずれにしろ、八番歌が斉明七年一月に詠われたことは事実としていいようです。

Bです。これらの歌はAのあとに出てくるのですから、一月以降に詠われたと解釈するほかありません。しかし、斉明七年一月以降に、斉明の西征軍が紀国に立ち寄った記録はありません。記録はないが、紀に立ち寄ったとするなら、十月に斉明の亡骸を乗せた斉明軍が筑紫を発って、難波に帰るまでのあいだということになります。これを三山歌の解釈に合わせると、斉明（大海人）軍は筑紫を出発して筑紫軍に追われて直接には難波にはいれず、紀国へ一時避難したと考えるほかありません。

斉明の亡骸は、一時的に紀国へ寄港したのです。それが日本書紀の十一月の記事に出る「一所に泊りて」です。これまでは、この「一所」は瀬戸内海の港と考えられてきたようです。瀬戸内海のどこか、可能性としては、行きにわざわざ立ち寄った熟田津があります。それならどうして熟田津の地名をあげずに「一所」としたのでしょうか。行きに立ち寄り場所として名前を出しているのですから、帰りに立ち寄ったのに名前をあげられないのは不可解です。それを出さないのは、出すと都合が悪いからでしょう。

書紀にとっての不都合な事情、それが斉明軍の帰還の事情と経路なのです。斉明軍が筑紫から逃げ帰って、紀国に一時避難したというのが事実だったら、書紀編者としては絶対明らかにはできないでしょう。「一所」で皇太子が斉明をしのんで歌を詠っていますが、これについては別の機会に考察します。ちなみに、皇太子が口号《こうごう》した歌は、難訓歌の九番歌と何らかのつながりがありそうです。

ところで、B歌群の一〇―一二番歌群は、一〇―一一と一二番歌に分かれます。一〇―一一番歌が、巻二挽歌の部立ての最初に置かれた有間皇子の自傷歌（一四一―一四二番歌）を念頭に置いているのは明らかです。有間皇子はハムレットをイメージさせる万葉集きっての悲劇の主人公ですが、これに続く一二番歌は、有間の悲劇とはまったく関係ありません。その一二番歌が、有間の悲劇を詠う一〇―一一番歌のあとにどうしてくっついたのか。これは、B歌群が詠われた紀国行幸からの帰京が陸路ではなく、海路だったことを確定させるためです。詳しい説明は省きますが、有間の自傷歌は陸路をイメージさせます。それだと、B歌群が筑紫から紀国へ立ち寄ったことにならないので、明確に海路をイメージさせる一二番歌をくっつけたのです。中大兄の三山歌（一三―一五番歌群）の一五番歌と同じ役割をになっています。

有間皇子の自傷歌群は、上巻末の資料編にあります。

◆阿倍比羅夫をめぐるウソ

Cはやっかいです。この記事には、筑紫から難波へ帰還する斉明軍は影も形もありません。しかし、この記事を鵜呑みにはできません。この記事はいくつかのことが書かれていますが、要するに広義の倭《やまと》朝廷が百済救援軍を出したことをいっています。有名な「白村江《はくそんこう》の戦い」を目の前にして、いかにももっともらしい記事ですが、この記事のいっている半分は事実ではありません。記事は本文と〈〉内の注の二つで構成されていて、少なくとも本文は捏造記事です。事実を反映しているのは注のほうです。八月の百済救援記事は、本文、〈注〉ともに重複記事です。

先に、作為が見え見えの〈注〉から見ます。〈注〉のほうは驚くことに、八月の記事に連続する百済救援記事とまったく同じです。八月の〈注〉記事と、その直後の九月の記事は、まったく同じことをいっていて、ちがいは一か月の時間差です。この時間差は誤差のうちです。というより、同じ記事が連続して出てくるのが不自然です。重複記事は八月の〈注〉がウソで九月の本文が事実です。明らかに、編者からのメッセージがこめられています。

一方、問題のC記事です。本文のほうは天智二年三月の記事の焼き直しです。しかし、本文のほうは一年半もの時間差があるので、とても誤差といえるタイムラグではありません。比羅夫の大軍船団が百済に出たという斉明七年八月の本文記事は、書紀編者の意識的なウソです。ウソですが、事件自体はありました。

念のために、斉明七年八月の記事の重複記事と、秦田来津らの百済国内の活躍の記事を確認します。くらべてみてください。

[日本書紀]――天智称制前紀斉明七年(六六一)九月　八月〈注〉記事対応記事

乃ち大山下狹井《さゐ》連檳榔《あぢまさ》、小山下秦《はた》造田來津《たくつ》を遣して、軍五千餘を率て、(百濟王子豐璋《ほうしやう》を)本郷へ衞り送らしむ。

〔日本書紀〕――称制天智紀天智一年(六六二)十二月〈注〉対応記事の後日譚

冬十二月の丙戌の朔に、百濟の王豐璋、其の臣佐平福信《ふくしん》等、狹井《さゐ》連〈名を闕せり〉、朴市田來津《えちたくつ》と議りて曰く、

「…略…」

是こに朴市田來津が獨り進みて諫めて曰く、

「…略…」

〔日本書紀〕――称制天智紀天智二年(六六三)三月　八月本文の原文

三月に、前の將軍上毛野君稚子《かみつけのわかこ》、間人連大蓋《はしひとおほふた》、中の將軍巨勢神前臣譯語《こせのかむさきをさ》、三輪君根麻呂《みわねまろ》、後の將軍阿倍引田臣比邏夫《あべのひけたひらふ》、大宅臣鎌柄《おほやけかまつか》を遣して、二萬七千人を率て、新羅を打たしむ。

C記事本文から見ます。本文に阿倍比羅夫が出てきますが、比邏夫は天智二年三月まで倭にいました。比邏夫が百済救援に出たのは、書紀自体が天智二年三月だと記述しているのだから、斉明七年八月の本文の記事はウソということになります。

一方、注のほうの狭井檳榔、秦田来津は、天智一年十二月の記事で、百済国内で活動しています。斉明七年に百済に行ったのは事実としていいようです。

ところで、斉明七年の比羅夫の百済救援がウソなら、本文の記事はまったくのデッチあげでしょうか。そうではなさそうです。この記事は実際の事件を反映しています。本文がいささかでも事実を反映しているのだとしたら、その事実は何か。おそらく、比羅夫の畿内倭王権征討を、百済救援にかこつけたのです。

斉明七年に阿倍比羅夫が率いた軍船団は、百済救援軍でなく、筑紫から逃走する斉明軍の追討軍です。天智東征軍です。本文に出てくる阿倍比羅夫は、筑紫王権側の倭王権征討将軍といった立場でした。その根拠です。斉明紀には阿倍比羅夫の蝦夷征討記事がくり返し出てきますが、蝦夷征討はその実、筑紫王権の畿内倭王権征討だったのです。その最後が斉明七年八月だったのです。比邏夫の倭王権征討については、三章3節「筑紫に宮殿をおいた称制天智」でとりあげています。確認してください。

整理します。まったく同一内容を記述する斉明七年八月と九月の記事は、狭井檳榔と秦田来津が百済へ向かったという点で事実は共通します。天智一年十二月の記事では、この二人は百済国内で豊璋の参謀として活躍しています。百済はこの段階で、唐と新羅の連合軍に攻撃されて、落城寸前です。その対応策をねっている場面です。いずれにしろ、二人はこの時点で百済にいます。斉明七年に百済に行ったという記事は信じてよさそうです。

天智二年三月の記事は、阿倍比羅夫が百済救援に出かけています。天智一年十二月の記事にあるように、落城寸前の百済を救うため、比邏夫らは二万七千の大軍船団を組んで百済へ向かいます。倭と百済連合軍は壊滅的な敗北を喫します。これが有名な「白村江の戦い」です。したがって、比羅夫は斉明七年時点では朝鮮半島には行っていません。

以上、どうでしょうか。この理解をあまりに恣意的ととるでしょうか。しかし、万葉集の編集がデタラメでなく、資料を整理した上で進められたとするなら、万葉集冒頭の八―一五番歌が斉明七年の一連の記事に対応しているととるほうが合理的ではないか。冒頭歌群の歌の配列に何の配慮もはらわれなかったとするほうが恣意的です。

つまり、天智は斉明七年七月に斉明が亡くなって、そのあと天智朝にはいる直前に称制を宣言して倭を目ざしたのです。それで、三山歌が斉明朝の最後に出てくるのです。このときは失敗したので、即位とはならず、称制のままに据え置かれたのです。そのあとの天智六年、倭王権との妥協が成立して畿内へ足がかりをつくることになります。しかし、天智が畿内で手にいれた足がかりは念願の倭《やまと》ではなく、近江《おうみ》でした。この近江遷都の真相については、ここの歌群の中にある一七―一九番歌群で明らかになります。

皇極四年に、孝徳朝の皇太子に立てられた人物は畿内倭《やまと》とは縁がない。それどころか、筑紫から倭へと東征をしかけていたのです。万葉編者は中大兄の三山歌をとおして、こう主張しているのです。

これだけ見ると、ひどく恣意的な解釈と受けとられそうですが、三山歌群はここだけで完結しているのではありません。続く近江大津宮御宇天皇の代（天智朝）の標目に出る額田王の歌（一六—二一番歌）の伏線となっているのです。三山歌は巻一の斉明朝最後に置かれていますが、続く天智朝の額田王の歌群と、配列も内容も連続しています。一連の歌の内容はすべて、天智天皇が倭王権とは無縁な存在であることをあばきたてます。次節で、三山歌のつぎの額田王の歌（一六番歌）が、称制天智朝（天智一—六年）の天智が筑紫にいたことを詠いあげているのを見ます。

三山歌群が詠う神代の三角関係は、この歌群に続く天智朝の歌群（一六—二一番歌）を、額田王をめぐる天智天皇と大海人皇子の三角関係で読みとけ、という案内にもなっています。額田王、これがイメージさせるものは倭《やまと》そのものです。３節以降で天智と大海人の恋のさやあてを鑑賞していきます。

くり返しになりますが、三山歌群は額田王をめぐる天智と大海人の三角関係を暗示させて、続く天智朝の歌群、一六—二一番歌を、この三角関係を前提に鑑賞するように誘導しています。これが万葉編者の案内です。この前提で、歌を解釈していきます。

万葉集の編集は、きわめて合理的です。巻一の歌の配列は時代順で、その配置にまちがいはありません。万葉史観はそれを迷うことなく案内します。

3 筑紫の「秋山われは」

巻一の天智朝の歌は、一六―二一番歌の六首です。六首は一六番歌、一七―一九番歌、二〇―二一番歌の三つの歌群に分かれます。三歌群すべてに額田王が出てきますが、これらの歌が天智天皇が倭《やまと》と無縁であることを明確にします。日本書紀にある天智紀の表向きの解釈はまちがいだ、万葉集はこういいたいのです。それを確認するために巻一天智朝の三歌群すべてについて検討します。

まず最初に一六番歌を見ます。春山と秋山を競う歌です。

［万葉集］――巻一の一六番歌

天皇、内大臣藤原《ふぢはら》朝臣に詔して、春山の万花《ばんくわ》の艶《つや》、秋山の千葉《せんえふ》の彩《いろどり》を競はしむ時、額田《ぬかた》王の歌を以て判《ことは》れる歌

冬ごもり　春さり來《く》れば　鳴かざりし　鳥も來鳴《きな》きぬ　さかざりし　花もさけれど　山を茂《しげ》み　入《い》りても取らず　草深《くさふか》み　取りても見ず　秋山の　木の葉を見ては　もみちをば　取りてぞしのぶ　青きをば　置きてぞ歎く　そこし恨めし　秋山われは　（巻一―16）

「春が来れば、それまで鳴かなかった鳥も来て鳴く。それまで咲かなかった花も咲くのだが、青々と茂った山にはいってまでとらず、草が深々とおおっていてもとりに行ってまで見たりはしない。秋山はというと、木の葉を見ては紅葉を手折ってしみじみおもい、青いままの葉はそのままに嘆く。そこが恨めしい。だからわたしは秋山がいい」

この歌も、前の倭三山歌同様に有名な歌です。題詞によると、天智天皇が藤原鎌足に命じて、春山の満開に咲く花の艶やかさと、秋山の一面の紅葉の彩りと、どちらがすぐれているかを臣下に質問したときに、額田王が名乗り出て詠ったものだといいます。題詞を見るかぎり、天皇は額田王に直接聞いていません。複数の臣下に問うたのに対し、額田王が名乗り出て判じたというのです。

解釈はここにあるとおりです。春山は鳥も鳴いて、花も咲きだしていいのだが、わざわざ山にはいってまでふれ合いたいとはおもわない。一方、秋山は黄葉の魅力にひかれて山に分けいり、もみじ狩りまでするではないか。それほど秋山がすばらしいということです。わたしは秋山がいい。

額田王にとっては、春山も秋山も、どっちもすばらしい。それならどうして秋山に軍配をあげたのか。理由はただ一点、春山へはわざわざ出向かないが、秋山はもみじ狩りのために出かけて行く。足を踏みいれるか、踏みいれないか、ここが決定的にちがっています。

天皇が臣下に求めているのは、個人的な次元の好み、趣味ではありません。春山がいいのか、秋山がいいのか、どちらがいいのか競わせているのです。どちらがすぐれているのか、人々を納得させる理屈を求めているのです。この歌が万葉集に残ったということは、額田王の提示した理屈が居合わせた人々を納得させたからでしょうか。

もしそうだとするなら、額田王と同時代の人たちは、紅葉狩りをするために秋山にはいったものの、春を楽しむために春山へは踏みいらなかったということになります。本当に春山を訪れて楽しむ習慣がなかったのでしょうか。

事実はちがいます。万葉人は春の季節になると、花をめでたり、若菜をつんだり、霞にひかれて山へと足を運んでいます。巻八冒頭の春雑歌の部には春を楽しむ名歌が多くとられています。代表的な春の歌を二つ紹介します。

〔万葉集〕——巻八の一四一八、一四二四番歌

志貴皇子の懽《よろこび》の御歌一首

石《いは》ばしる垂《たる》水《み》の上《うへ》のさ蕨《わらび》の萌《も》え出《い》づる春になりにけるかも　（巻八1418）

「石の上を勢いよく流れ落ちる滝の上にある蕨が萌えだす春になったことだ」

山部《やまべ》宿禰赤人《あかひと》の歌四首（の一首）

春の野にすみれつみにと來《こ》しわれそ　野をなつかしみ一夜宿《ひとよね》にける　（巻八1424）

「春の野にすみれを摘みに来たわたしだけど、やって来た野が懐かしくてそこで一夜を寝てすごしたものだ」

万葉人は春をよろこび、楽しんでいます。額田王の評価どおりではなさそうです。それなら、額田王の歌の価値観はどこにあるのでしょうか。

天智天皇がなぜ春山、秋山を競わせたのか、額田王がなぜ秋山に軍配をあげたのか、明確な理由があったはずです。そして天智も、居合わせた人たちも、この判断を下した額田王を支持したのです。額田の歌の真意に賛同したのです。

天智も同じですが、このときの額田にとって春山と秋山は季節だけをイメージしているわけではありません。五行でいう方位、方角をおもい浮かべているのです。表から見てわかるように、春は東を指します。秋は西を指します。万葉集はこうした当て字をほかでも使っています。ここだけが特別というわけではありません。

巻一冒頭歌群は基本的に年代順に歌が並びます。このあと見ますが、一七―一九番歌と二〇―二一番歌は歌われ

●五行関係表

	木	火	土	金	水
五季	春	夏		秋	冬
五方	東	南		西	北
五色	青	赤	黄	白	黒

た時期が特定できます。一七―一九番歌は近江遷都のとき、二〇―二一番歌は天智が即位した直後の蒲生野での薬猟の宴会のときです。したがって、一六番歌は近江遷都以前につくられたことがわかります。

13―15番歌＝斉明七年（六六一）……天智東征失敗
16番歌＝天智一―五年（六六二―六六六）の間……筑紫の天智
17―19番歌＝天智六年（六六七）三月……近江遷都
20―21番歌＝天智七年（六六八）五月五日……蒲生野の野宴

天智六年に近江に遷都するまでの天智天皇は、筑紫にいました。日本書紀は筑紫とも畿内倭《やまと》ともいっていませんが、一六番歌が歌われた場所は筑紫ということになります。

このことを頭にいれて歌を確認します。

「春さり来れば 山を茂み 入りても取らず」

春がきても山にはいらない、といっています。春は東です。東には足を踏みいれない、というのです。

一方、秋山はどうか。

「秋山の 木の葉を見ては もみちをば 取りてぞしのぶ」

秋山ではもみじをとります。とるということはすなわち、山にはいって手《た》おるということです。秋は方角で西です。西へは足を踏みいれます。

東と西、この方角の指し示す場所は明らかです。東は畿内倭《やまと》、西は筑紫《つくし》です。倭三山歌の額田王をめぐる天智と大海人の三角関係で鑑賞せよという指示に従えば、大海人と天智ということになります。

◆畿内倭《やまと》は「酸っぱい葡萄《ぶどう》」

それはともかく、天智天皇とそのとり巻きは、倭には足を踏みいれない。でも、筑紫にははいっています。これこそが天智の置かれた状況なのです。歌では倭には踏みいらないといっていますが、事実はちがいます。倭にははいることができないのです。イソップ童話の「酸っぱい葡萄《ぶどう》」です、行きたくても行けないので「出かけていくほど魅力的でないや」と評したのです。

「今いる筑紫は魅力的だけど、遠くの倭《やまと》はわざわざ行くほどすてきではない」

歌はさらに続きます。

「青きをば 置きてぞ歎く。そこし恨めし 秋山われは」

秋山に踏みいって、もみじが手のとどくところにあっても、青いやつはいらない、といっています。青は表にあるように、春、東です。倭《やまと》をイメージさせる記号です。本当は空を飛んででも行きたい倭ですが、行けないので「行くものか」と強がりをいっているのです。

天智から春山、秋山の優劣をせまられた臣下たちは、この強がりに共感したのです。

それでは、額田王が秋山に軍配をあげたのは、本当に強がりなのか、酸っぱい葡萄なのか。じつは古事記に、額田王の判定とは反対の価値観にもとづくエピソードがあります。秋山より春山のほうが魅力的という話です。古事記応神記の「秋山の下氷壮夫《したひおとこ》と春山の霞壮夫《かすみおとこ》」の妻争いです。少し長いですが、古事記の記事を紹介します。

[古事記]――応神記＝秋山の下氷壮夫と春山の霞壮夫

伊豆志袁登売《いづしをとめ》神坐《いま》しき。故、八十《やそ》神、是の伊豆志袁登売を得むと欲ふと雖《いへど》も、皆な婚《あ》ふこと得ず。是《こ》こに二神有り。兄の號は秋山《あきやま》の下氷壮夫《したひをとこ》、弟の名は春山《はるやま》の霞壮夫《かすみをとこ》。故、其の兄、其の弟に謂《いは》く、

「吾れ伊豆志袁登売を乞《こ》ふと雖も、婚ふこと得ず。汝《な》は此《こ》の嬢子《をとめ》を得むや」

答へて曰く、

「易《やす》く得む」

爾《しか》くして、其の兄の曰く、

「若《も》し汝《なんぢ》、此《こ》の嬢子《をとめ》を得ることあらば、上下の衣服を避《さ》り、身の高を量りて甕《かめ》の酒を醸《か》まむ。亦《ま》た山河の物を悉《ことごと》く備へ設《まう》けて、うれづく（賭け）を爲む」

と云ふこと爾《しか》り。其の弟、兄の言ふ如《ごと》く、具《つぶ》さに其の母に白《まを》せば、即ち其の母、ふぢ葛《かづら》を取りて一宿《ひとよ》の間に、衣《きぬ》と褌《ふんどし》、襪《たび》と沓《くつ》を織り縫ひき。亦《ま》た弓矢を作りて、其の衣《きぬ》、褌《ふんどし》等を服《き》せしめ、其の弓矢を取らしめて、其の嬢子の家に遣《や》れば、其の衣服と弓矢、悉く藤の花と成りき。是《こ》こに、其の春山の霞壮夫、其の弓矢を以て、嬢子の厠《かはや》に繋《か》けき。爾くして、伊豆志袁登売、其の花を異《あや》しと思ひて、將《も》ち來る時に、其の嬢子の後に立ちて、其の屋に入りて、即《すなは》ち婚《よば》ふ。故、一子を生む。爾くして、其の兄に白《まを》して曰く、

「吾《わ》れは伊豆志袁登売を得たり」

是こに、其の兄、弟の婚ふを慷愾《うれた》みて、其のうれづくの物を償《つぐな》はず。爾くして、（弟が）愁へて其の母に白《まを》しし時に、御祖《みおや》の答へて曰く、

「我が御世の事は、能《よ》くこそ神を習はめ。又《ま》た、うつしき青人草《あをひとくさ》に習へか、其の物を償はぬ」

其の兄の子を恨みて、乃《すなは》ち其の伊豆志河の河嶋の一節竹《ひとよたけ》を取りて、八目《やめ》の荒籠《あらこ》を作り、其の河の石を取り、鹽《しほ》に合へて、其の竹の葉に裹《つつ》みて、詛《のろ》はしむに、

「此の竹の葉の青むが如く、此の竹の葉の萎《な》ゆるが如く、青み萎《な》えよ。又た、此の鹽の盈《み》ち乾《かわ》くが如く盈《み》ち乾《ひ》よ。又た、此の石の沈むが如く、沈み臥《こや》せ」

此《か》くの如《ごと》く詛《のろ》はしめて、烟《けぶり》の上に置きき。是《こ》れを以て、其の兄、八年の間、干《ひ》り萎《な》え病み枯れたり。故、其の兄、患《うれ》へ泣きて、其の御祖《みおや》に請へば、即ち其の詛《のろ》ひ戸を返さしめき。是こに、其

の身の本の如く、安らかに平らかなり。

［現代語訳］伊豆志袁登売神《いずしおとめ》という美しい少女がいた。多くの神々が結婚しようと願ったがかなわない。これら神のなかに、秋山《あきやま》の下氷壮夫《したひおとこ》と春山《はるやま》の霞壮夫《かすみおとこ》の兄弟神がいた。兄の下氷壮夫が弟の霞壮夫にいった、「わたしは伊豆志袁登売と結婚しようとおもったが、できなかった。お前は結婚できるか？」。弟が答える、「容易《たやす》いことだ」。そこで兄がいった、「結婚できるかどうか、わたしはいま身につけている衣服をとっておいて、身の丈の甕に酒を醸造して、山川のもろもろを並べ備え、それを賭けようではないか」。これを聞いた弟は母親に、兄のいったことをつぶさに話した。すると母親は藤のつるを用いて、一夜漬けで衣服と履きもの、さらには弓矢をつくった。それを霞壮夫《かすみおとこ》に身につけさせ、伊豆志袁登売《いずしおとめ》の家まで行かせた。そこに着くと、衣服と弓矢の素材となった藤のつるが一斉に花をつけた。霞壮夫が藤の花を少女の厠《かわや》にかけておくと、藤の花をあやしくおもった伊豆志袁登売が花を家の中にもっていこうとしたので、霞壮夫はすかさず後をつけて家にはいりこみ婚《よば》うことができ、子どもも生まれた。弟はこれを兄に報告するが、兄は恨み嘆いて約束を果たさない。母親は兄のことを恨んで伊豆志河の一節竹《ひとよたけ》で粗く編んだ籠をつくり、河の石を塩にあえて竹の葉に包んで呪っていった、「この竹の葉が青くなるように、竹の葉が萎《な》えるように、青く萎えよ。潮が満ち干するように、満ち干せよ。この石が沈むように沈んでしまえ」。

こう呪って、煙であぶると、兄は八年のあいだ、干り萎え、病み枯れた。これに兄が母親に泣きを入れ、許された。

この話は兄弟神の妻争いがテーマになっています。結末は弟が兄に勝利して憧れの少女と結婚します。日本の神話は、兄弟神が争うと弟が勝利をものにするのが定番なので、この話もその例にもれません。ここで注目すべきは、話の結末でなく、兄弟の名前です。兄に秋山の下氷壮夫《したひおとこ》を、弟に春山霞壮夫《かすみおとこ》の名前を割りふっているという一点です。

神話で勝者となるべき弟神に「春山」が、敗者となるべき兄神に「秋山」があてられています。「たまだろう」と考える読者もいるかもしれませんが、神話でただ一度だけ出てくることは、それが神話世界での約束事であり、常識なのです。

当時の価値観、美意識は決して秋山に軍配があがるというものではなかったのです。古事記の妻争いのエピソードにあるように、春山こそ愛される立場にあったのです。だからこそ、常識を知的にくつがえした額田王の美意識が高く評価されたのです。

春山と秋山を競わせた天智は、秋山の下氷壮夫と春山の霞壮夫との妻争いの話を知った上で、臣下たちに評価を求めたのです。額田王はこの話をふまえた上で秋山がすぐれているという評価をくだしたのです。その場にいた臣下たちは、すべてをわかった上で、額田王の歌の真意を理解し、歌をたたえたのです。

その場にい合わせた臣下たちはみんなインテリです。天智が秋山を筑紫、春山を倭《やまと》にたとえたことを容易に察したはずです。さらにいえば、秋山は天智、春山は大海人です。春山に軍配をあげたら天智が納得しないことは百も承知です。かといって、納得できる説明もないまま秋山を春山の上にもってきたら見えすいています。そんな中、それなりの理屈で秋山を評価した手練手管に喝采をしたのです。

「天智もこれならご満悦」

倭進出を狙う天智、しかしそれがかなわない天智。額田王は天智のプライドをくすぐる歌を披露したのです。

◆壬申の乱と「金」

天智の周辺が自分たちの拠りどころを筑紫と見ていた節《ふし》があります。天智が亡くなったあと、天智の子どもの大友皇子と、大海人皇子が戦った壬申《じんしん》の乱《らん》です。ここで大友の近江軍が使った合い言葉です。

〔日本書紀〕——天武紀天武一年(六七二)七月五日

甲午に、近江の別の將田邊小隅《たなべのをすみ》、鹿深山《かふか》を越えて、幟を巻き、鼓を抱きて、倉歴《くらふ》に詣《いた》る。夜半を以て、梅を銜《くく》み、城を穿ちて、劇《にはか》に營の中に入る。則ち己《おの》が卒と（田中）足摩侶《たりまろ》が衆と別《わか》ち難きことを畏《おそ》りて、以て人毎《ごと》に「金《かね》」と言はしむ。仍りて刀を抜きて毆《う》ち、「金」と言ふに非ざるを斬《き》る。是《こ》こに、足摩侶の衆悉に亂る。事忽《たちまち》に起こりて、所爲《せむすべ》を知らず。唯《た》だし足摩侶のみ、聰く知りて、獨り「金」と言ひて僅《わづか》に免《まぬが》るること得つ。

大友の近江軍と大海人軍との戦況切迫する中、近江側の田辺小隅《たなべのおすみ》が大海人軍の田中足摩侶《たなかのたりまろ》の陣内へと攻めこみます。しかし、夜半のこと、敵と味方の区別がつかないと困るので、小隅は味方の兵士に合い言葉として「金」といわせることにします。「金」といわないものはただちに殺害することにして押しいります。突然の襲撃に、足摩侶の兵士たちは混乱におちいり、なす術を知りません。その中、近江軍の合い言葉が「金」であることを事前に知っていた足摩侶だけは、逃げることができました。

ここで気になるのが、近江方の田辺小隅が使った合い言葉の「金」です。これは五行のからみでいうと、方角で西、季節で秋を指します。天智がひらいた近江朝の出自を筑紫とみなしていたことから、「金」を使ったと考えていいのではないか。

現代人からすると、「五行なんて迷信だ」とおもうかもしれませんが、当時の人々にとっては日々の生活と切っても切れない関係にあったのです。万葉集には、万葉仮名による意味、あるいは音を引き出すために、ここでとりあげた五行を使っています。

4 天智を拒否する三輪山の雲

巻一天智朝の最初の一六番歌が、称制天智朝の天智が倭でなく、筑紫にいたことを明るみに出します。続く一七―一九番歌群は何を白日の下に引きずり出そうとしているのでしょうか。

筑紫王権と倭《やまと》王権の妥協の産物が、近江遷都です。といっても、畿内倭からではなく、筑紫からの近江遷都です。天智が断行した近江遷都、しかし、天智の近江遷都は天智の本意ではありませんでした。正統な権力が拠りどころとすべき倭《やまと》に宮殿を置きたかったのに、不本意にも近江へ追いやられたのです。

斉明朝は、いわゆる統一権力が存在したようには見えません。孝徳、斉明朝から称制天智朝に至る約二十年は、統一王権が存在しなかったのです。孝徳朝は難波と倭に権力が並立しました。斉明、称制天智朝は筑紫、倭の二王権並立状態だったのです。これは別の機会で検証しますが、日本書紀はこの事実をひたかくします。不比等の歴史改ざんの目的が二王権並立の隠蔽《いんぺい》にあるからです。

とりわけ日本書紀がひたかくすこと、それが斉明三年（六五七）から天智五年（六六六）までの十年間の権力の姿です。近江遷都と中大兄の即位と倭姫王の立后の真相、それはとりもなおさず天智の筑紫王権と大海人の倭王権の並立です。万葉集はこの十年について、『類聚歌林』を引用して真相をあばきたてます。

［万葉集］――巻一の一七―一九番歌群

額田王《ぬかた》が近江國《あふみ》に下る時に作る歌、井戸王の卽ち《すなは》和ふる《こた》歌

味酒《うまさけ》　三輪《みわ》の山　あをによし　奈良《なら》の山の　山の際《ま》に　い隠る《かく》まで　道の隈《くま》　い積《つ》もるまでに　つばらにも　見つつ行かむを　しばしばも　見さけむ山を　情《こころ》なく　雲の　隠《かく》さふべしや　（巻一17）

「三輪山は奈良山の山の際に隠れてしまい、道の奥まったところがいくつも重なって遠くなるまで、じっと見ながら、幾度もふり返って、眺め見ようと思う山を、情もなく雲が隠すことだ」

反歌

三輪山《みわやま》をしかも隠す《かく》か　雲だにも情《こころ》あらなも隠《かく》さふべしや　（巻一18）

「三輪山を、これほどまでに隠そうというのか。せめて雲に情があるなら隠したりしないだろうに、しかし、三輪山は隠れて見えない」

右の二首の歌は、山上憶良大夫の類聚歌林に曰く、「都を近江國に遷《うつ》す時、三輪山を御覧《みそなは》す御《み》歌《うた》なり」。日本書紀に曰く、「六年丙寅《ひのえとら》春三月の辛酉《かのととり》朔己卯《つちのとう》の日、都を近江《あふみ》に遷す」。

綜《へ》麻《そ》形《かた》の林の始《さき》のさ野《の》榛《はり》の衣《きぬ》に著《つ》くなす目に著《つ》く　わが背《せ》　（巻一19）

「綜麻形（三輪山）の林の手前の野に生える榛《はり》色が着ものに染まるように、目について離れない。そうでしょう、あなた」

右の一首の歌は、今案《あん》ずるに和《こた》ふる歌に似ず。但し、舊本この次に載せたり。故に以て猶ほ載せたり。

この歌群は一八番歌の左注から天智六年（六六七）の近江遷都のときに詠われたことがわかります。左注は作歌年月を読者に教えるだけでなく、別の情報もつけ加えます。

「右の二首の歌は、山上憶良大夫の『類聚歌林』に曰く、都を近江国に遷《うつ》す時、三輪山を御覧《みそなは》す御歌《みうた》なり。日本書紀に曰く、六年丙寅《ひのえとら》春三月の辛酉《かのととり》朔己卯《つちのとう》の日、都を近江《あふみ》に遷す」

何となく読みすごしてしまいそうですが、この一文は相当に変なことをいっています。明らかに万葉集の表記ルールからはずれています。くわしく見ます。

『類聚歌林』を引用するだけあって、果たして題詞と歌本文が合いません。題詞では額田王が近江へ向かうときに詠った一七、一八番歌に、井戸王が一九番歌で和《こた》えていますが、この井戸王の返歌が額田に対して「わが背」と呼びかけています。「わが背」の呼びかけは、相手が男性にかぎられます。額田王は女性なので、これがおかしいとして一八番歌左注の『類聚歌林』が勝手な主張を始めます。

左注のいいたいことは、作者を題詞のいう額田王から皇太子に変更することです。

変更するのに用いた記号というか、異例記述は「御覧す《みそなわ》」と「御歌《みうた》」です。「御覧」は天皇に使う表記です。「御歌」は天皇の后、妃、子どもである皇子、皇女らに使われます。もちろん、皇太子の歌も御歌表記です。したがって、この両方を同時に成立させる身分はありません。一八番歌左注が解説する作者は存在しないことになりますが、当の日本書紀に、「御覧」と「御歌」を同時に使いうる人物が存在するのです。

それでは左注が主張する歌の作者はだれか。近江遷都は天智六年のことです。日本書紀によれば、天智朝で天皇であり、同時に皇太子だったのはだれか。これを教えてくれるのが、万葉史観です。

天武紀が天智朝と認めない六年間（天智紀天智一―六年）は、天智が畿内倭《やまと》をおさめていません。それで、称制天智は正式な天皇とされません。天智紀編者はこの期間を強引に天智朝へと編入したのですが、天皇と表記するにはためらいがあったのです。これが理由で、称制天智期間の表記を皇太子としたのです。天智紀は建前上は天智を天皇と同列に見なしていますが、書紀編者の良心はストレートには認めません。

しかし、一八番歌題詞の変則表記の案内で称制天智紀の天智の行動を追うと、一度だけ天皇表記が出てきます。皇太子表記でなければならない称制天智紀で天皇の表記が出てきます。日本書紀の異例記述ということになります。

その記事です。いっしょに称制天智の通常の表記も確認します。

[日本書紀]——称制天智紀天智三年(六六四)二月

三年春二月の己卯の朔丁亥に、天皇、大皇弟に命して、冠位の階名を増し換ふること、及び氏上、民部、家部等の事を宣ふ。

[日本書紀]——称制天智紀天智五年(六六六)三月

五年三月に、皇太子、親《みづか》ら佐伯子麻呂連の家に往きて、其の所患を問ひたまふ。元より従《つか》へる功を慨歎《なげ》く。

養老四年(七二〇)に完成した時点の日本書紀では、称制天智の天智の肩書き表記はすべて皇太子だったはずです。それがどうして、一度だけ変則表記になったのか。もちろん偶然でも、編集時のミスでも、写本時の写しまちがいでもありません。

あるいは、「大皇弟」と皇太子が並ぶのを避けたのでしょうか。そんな配慮があるくらいなら、称制天智紀の天智を天皇、大皇弟を皇太子と初めから表記するでしょう。持統天皇も称制期間がありますが、持統の場合は、天皇表記です。

天智五年三月の皇太子は天智を指します。

それはともかく、称制天智紀の天智の肩書き表記がすべて皇太子だったら、どうでしょうか。称制天智紀の天智は一貫して皇太子だったことになります。それでは、一八番歌の左注の皇太子であり、天皇である人物が存在しなくなってしまいます。

一七—一九番歌群はこれから見ますが、天智をコケにする、きわめて危険な細工がほどこされています。それで、ふつうに読んだら作者が天智だとはわからないようにしたのです。慎重にも慎重に作者を天智へと変更しているのです。一八番歌左注がわけのわからない説明になっているのは、そのせいです。この作者は天智以外にありえないのですが、大海人皇子だとする説も有力です。当然です。常識では、天智朝の天皇は天智、皇太子は大海人だとされているからです。

ちなみに、持統紀の称制持統は天皇表記ですが、一回だけ皇后表記が出てきます。持統が正式即位する持統四年一月の記事です。しかし、これは書紀表記としては当然です。天皇の肩書き表記のまま即位するのはおかしいので、このときだけ皇后表記にして、「皇后が即位した」という記事になっています。書紀では、天皇名で即位するケースは皆無です。書紀の歴史スタンスは倭《やまと》を支配しないものは天皇になれないのです。

◆見えぬ三輪山に天智の嘆き節

一七、一八番歌の作者を天智天皇で確定させるためには、天智が天皇であり、皇太子でなくてはならないのです。そこで、万葉史観に連動する書きかえがおこなわれたのです。本来はすべて皇太子表記だった称制天智紀の天智の肩書き表記の、最初の一か所だけ天皇としたのです。こうすることで称制天智紀の天智は天皇であり、皇太子になったのです。一七、一八番歌の作者はめでたく天智で確定するのです。

ところで書紀の書きかえは養老五年（七二一）、万葉集の最終編集は早くても天平宝字三年（七五九）以降です。万葉集の案内のほうがあとなのに、どうしてそれを先取りして書紀の記事書きかえがおこなわれたのか、疑問におもうかもしれません。しかし、答は簡単です。『類聚歌林』です。『類聚歌林』を編集したのは山上憶良です。養老五年の皇太子教育係のメンバーです。書紀書きかえのメンバーです。万葉集の最終編者は大伴家持でかまいませんが、万葉集に憶良も深くかかわっていたことがうかがえます。原万葉集の巻一、二は早くから編集されていて、これをもとに万葉集が形成されたと考えられます。養老五年の書紀書きかえで、万葉集の案内を先取りしていたとしてもとくに問題ないわけです。五章で確認してください。

天智三年二月の記事です。ここに天皇と大皇弟が出てきます。天皇は天智、大皇弟は一般的には大海人を指すことになっています。もちろん、本書の立場はちがいます。この大皇弟は、おそらくは大友皇子です。大海人は畿内倭にいるからです。三章で検証します。いずれにしろ、天智が天皇と皇太子の両方の表記で記述されていることは確認できました。

歌を整理します。一七―一九番歌はまさに近江遷都の最中に詠われています。歌意はとてもわかりやすい。近江に向かう途中、三輪山を見ようとおもうのに、雲がかくして見えません。そんな雲を心ないとなじっています。

これまでは、この歌群をどのように解釈してきたのでしょうか。折口信夫〔※巻末資料〕の『口訳万葉集《こうやくまんようしゅう》』は、きわめてシンプルです。折口は題詞のミスだとします。題詞の額田王に井戸王が和《こた》えたとあるのを、井戸王に額田が和えたというのが本来の形だとして、「わが背」の問題をクリアします。

『口訳』の一八番歌の解釈をそのまま引用します。

〔口譯萬葉集〕――巻一の一八番歌訳

懐かしい三輪山をば、あんなに隠しくさることよ。せめて雲にでも、思ひやりがあつてくれ、ばいゝ。隠されぬ筈だのに、それに隠すことだ。(故京に對する執著が、唯一抹の三輪山の、遠山眉に集中してゐる。山について思ふ所の淺い今人の、感情との相違を見る必要がある。)

見慣れた三輪山と離れて近江に引っ越しをしなければならないのに、その別れの日に三輪山をかくす雲の何と心ないことか――。折口がいうように、井戸王に額田が和《こた》えたとあるのが本来の形というのなら、これで問題はありません。

あるいは折口の解釈が正しいのかもしれません。

歌意が折口の解釈どおり、見慣れた三輪山をかくす雲への不満だとしたら、作者は天智でも大海人でも大した違いはありません。慣れ親しんだものとの別れのせつなさは、天智でも大海人でも、額田王でも井戸王でも、三輪山を見慣れた倭《やまと》の住人なら共通の感情だからです。だれの歌でも同じ解釈しかありえないからです。

しかし、それなら、これほど複雑な左注を展開する必要はなかったはずです。『類聚歌林』を引用する左注は、左注自体に耳をかたむけるべきです。『類聚歌林』の解説は、歌と離れた主張の展開です。左注編者はわざわざ『歌林』をもちだして、天智の作だとしているのです。その意図に配慮すべきです。

この歌はだれもが共通にもっている感情を詠みこんでいるのではありません。特定の人物の思いがこめられているのです。その点からすれば、作者は天智でなければならないのです。近江遷都で近江に向かう途中に雲にかくされた三輪山を見てかなしい思いをするのは天智以外ありません。

斉明天皇が亡くなる斉明七年が倭王権《やまと》（大和朝廷）の転換点です。百済救援で斉明一行と筑紫へ移動したとされる中大兄は、実際は畿内の倭にはいなかったのです。斉明の筑紫遠征の前も、斉明の亡骸が畿内に戻ったあとも筑紫にとどまっていたのです。日本書紀の天智紀を見るかぎり、天智六年まで天智が畿内にいたことを確認できる記事はありません。それは天智が畿内にいなかったからです。三章でとりあげます。

したがって、斉明七年の記事の従来理解は正しくありません。これまでは斉明の亡骸を筑紫から畿内まで搬送したのは中大兄とされてきましたが、事実ではありません。斉明の亡骸を難波へ運んだのは、中大兄ではなく、大海人です。中大兄は近江遷都まで一貫して筑紫にとどまったのです。

つまり、斉明の亡骸が倭《やまと》へ戻ったときから、天智の筑紫《ちくし》王権と大海人の倭王権に、もとどおりの形で棲み分けしたのです。二王権並立のきっかけは乙巳の変（六四五年）と考えられますが、称制天智朝にはいってからは、分裂はしても激しく対立することはなかったとおもわれます。筑紫王権は対朝鮮半島外交に手をやいていて、倭王権との権力闘争どころではなかったはずです。

ながらく畿内と筑紫に分かれていた二つの勢力が一つになったのが、天智の近江遷都です。天智は倭王権と妥協することで、筑紫長津から近江大津へ遷《うつ》ることができました。天智の近江遷都は筑紫王権と倭王権の妥協の産物だったのです。

大海人と和解した段階で、天智はおそらく、筑紫と畿内倭の統一王権を畿内倭に置きたいと考えたはずです。倭こそがそれまでの王権、大和朝廷の正統の地だからです。しかし、大海人を中心とする倭王権側からすれば、天智を一気に倭に受けいれるのは危険すぎます。そこで、近江が落としどころとされたのでしょう。京《みやこ》を倭以外の畿内に置くことは、ぎりぎりの妥協だったのです。

近江京を望まなかったのは、天智だけでなく、倭に居住するすべて人々の本音でした。それでも、天智の倭遷都を受けいれることはできなかったのです。

書紀には近江遷都の記事に続けて、遷都をいさめる歌がはやったとあります。

［日本書紀］――称制天智紀天智六年（六六七）三月

三月の辛酉の朔己卯に、都を近江に遷す。是《こ》の時に、天下の百姓《おほみたから》、都遷すことを願はずして、諷へ諫く者多し。童謡《わざうたま》亦た衆《おほ》し。日々夜々、失火の處多し。

近江京は筑紫王権と倭王権の妥協の産物でした。くり返しますが、近江遷都は天智の本意ではありません。最高権力者として倭に落ち着きたかったのです。それがかなわず、倭を素どおりして近江へ行かなければならない、天智は無念の思いで近江入りをしたのです。

一七、一八番歌は、そんな天智の思いの表出だったのです。

歌に出てくる三輪山、これは倭の象徴です。少なくとも、この歌を詠った天智には倭の象徴だったのです。その三輪山を天智の視界からさえぎる雲は、大海人の倭王権だったのです。万葉編者はこの歌によって、近江遷都の実態をきわめてシンボリックに暗示しています。天皇天智の堂々の近江遷都なんてありえない、不本意の近江行きなのだ、と。

以上が一七、一八番歌を使った『類聚歌林』引用左注の主張です。本書の解釈は左注編者の意図するところと大きくはずれていないとおもいますが、もうすこし歌群を見ます。

この歌群は万葉集巻一冒頭グループの「近江大津宮に御宇《あめのしたしらしめ》す天皇の代」の歌群にはいります。すでに見たように、ここには天智天皇の時代の一六―二一番の歌六首が並びます。六首は、一首（一六番歌）、三首（一七―一九番歌）、二首（二〇、二一番歌）の三セットに分かれます。そして、その三つのセットすべてに額田王が出てきます。ただし、二セット目にあたるこの歌群だけ、作者が額田王から天智へ変更されています。

それなら額田王は関係ないかというと、折口信夫は題詞を訂正して、一七、一八番歌の作者を井戸王、一九番歌、つまり和《こた》えた歌の作者を額田王としています。左注は『類聚歌林』で井戸王を天智に訂正しているのだから、この考えでいけば、天智に額田が和えたことになります。

左注編者は一七、一八番歌を天智の、一九番歌を額田王の作としているはずです。万葉編者自身がそう案内しています。一九番歌が額田王の歌でなければならない理由は、この章6節「額田王の歌は別に四首あり」で確認します。

ところで一九番歌に奇妙な地名が出てきます。「綜麻形《へそかた》」です。ほとんどの解説書が、これを三輪山としています。綜麻形がどうして三輪山なのか。いろいろ説明がありますが、明快な根拠は示されていません。前の二首一七、一八番歌が三輪山を詠っているので「綜麻形は三輪山」でなければならないというのが前提になっているようです。しかし、一九番歌の左注が「(前の二首に)和える歌に見えない」といっているのだから、三輪山とは関係ないかもしれません。関係があるにしても、一七、一八番歌に直接和えたのではないというケースも考えられます。

そうかもしれませんが、とりあえず一九番歌が前二首に和える歌だとして、さらに綜麻形が三輪山だとしましょう。そうだとすると、一七、一八番の二首の作者の目には見えない三輪山が、一九番歌の作者にはよく見えていることになります。遠くに三輪山が見えているだけでなく、三輪山のディテールが手にとるようにわかっているようです。

一九番歌のいっていることは――。

「雲のせいで三輪山が見えないということですが、わたしにはちゃんと見えます。三輪山の林の手前にあるさ野榛が、衣を鮮やかに染めるようにはっきりと目に焼きついています。そうでしょう、あなた」

この歌群は天智の近江遷都の歌です。すでに見たように、天智は倭に宮殿を置きたかったのですが、倭を素通りして近江へ向かわざるをえません。大海人の倭王権がじゃまをするので倭を素通りして近江へ行かなければならないからです。それで天智が、その無念さをシンボリックに「雲が三輪山を隠して見ることができない」といったのです。これに対して、和《こた》える歌の作者は、「何をおっしゃいます、わたしにはよく見えています。目に焼きつくようにくっきりと、ねえ、あなた」と返します。

この作者は女性ですが、女性が呼びかけた「あなた（わが背）」はだれでしょうか。ふつうに理解すれば、「雲で三輪山が見えない」といった人、つまりは天智ということになります。しかし、どうも別人の感じがします。「あの人は見えないというけれど、わたしたちには見えますよね、あなた」。どこかこれみよがしの響きがあります。

「あの人は三輪山を見る資格はないけれど、わたしたちにはその資格があります」

「三輪山が見えない」といった人、これは天智ですが、天智を否定的に評して同意を求めています。天智には三輪山を見る資格、つまり倭に宮殿を置く資格はないけれど、わたしたちにはあります、といい放っているのです。

まさに、一七、一八番歌を詠った人物をコケにしているのです。この二首が天智の歌だとしたら、天智に対してこんなやりとりをできるのは、額田王と大海人以外に考えられません。

この三首の歌群の左注は、一八番歌が『類聚歌林』を引用して題詞を訂正しながら、さらに一九番歌の左注で題詞と一八番歌左注の訂正をしています。ひじょうに手のこんだ案内をしています。天智の近江遷都の真相をよほど暴露したかったようです。

この解釈は中大兄の三山歌の指示、巻一近江朝の歌は額田王をめぐる三角関係で鑑賞するというのが前提になっています。決して本書の都合ではありません。

5 天智をコケにする紫野

最後が万葉集の中でも名歌との評価の高い、額田王と大海人皇子の歌です。評判どおり、歌からただよう雰囲気は、うつくしくてとてもヴィジュアルです。このうつくしい二首歌群が、天智天皇、大海人皇子との関係をにじみ出しています。これから見ていきます。

一七―一九の三首歌群は、天智、大海人、額田王の三人の力関係を強く示唆していました。日本書紀の書きかたからすると、天智天皇は強力な権力を手にしていた印象ですが、一七―一九番歌群を見ると実際はちがうようです。

天智の権威は倭王権からすれば砂上の楼閣、コケにされる程度のものなのだ、そう主張しているのです。この二〇、二一番歌群の額田王、大海人の歌も、この流れを受けた編集になっています。三人の関係を際立たせていて興味深い。すなわち、大海人と額田王が天智をコケにするという図式です。こちらは、一七―一九番歌群よりさらにストレートに天智をコケにしています。

[万葉集]――巻一の二〇―二一番歌群

天皇、蒲生野《かまふの》に遊猟《みかり》す時、額田《ぬかた》王の作る歌

茜《あかね》さすむらさき野《の》行き標野《しめの》行き　野守《のもり》は見《み》ずや君《きみ》が袖振《そでふ》る　（巻一―20）

「今にもあかく燃え出しそうな紫草の花が咲き乱れる神聖な薬草地を行くあなたは、
薬草地の監視人が見るにちがいないのに、私に向かって袖を振ることだ」

皇太子の答《こた》へる御歌《みうた》　明日香《あすか》宮に御宇《あめのしたしらしめ》す天皇

むらさきのにほへる妹《いも》を憎《にく》くあらば人《ひと》づまゆゑにわれ戀《こ》ひめやも　（巻一　21）

「紫が咲き乱れる薬草地に、ひときわ映える私の愛しい人が憎らしい？　いや、今では人妻だからこそ、なおさら私は恋しくおもっているのだ」

紀《き》に曰《いは》く、「天皇の七年丁卯の夏五月五日、蒲生野《かまふの》に縦獵《みかり》す。時に大皇弟、諸王、内臣、及び群臣、皆な悉《ことごと》く從ふ」。

歌が詠われたのは、称制天智が正式即位した天智七年の五月五日、蒲生野の猟後の宴席です。この猟は天皇、大皇弟はじめ、朝廷の幹部がこぞって参加しています。その満座のなかで、額田王と大海人が歌をやりとりします。

額田王の歌です。歌に詠みこまれた情景は輝くばかりです。ここには茜《あかね》、紫、君の袖が出てきます。言葉を見ただけで、華やいだ世界が広がります。

茜は根から赤色の染料がとれることから呼ばれます。夏から秋にかけて薄緑色の花をつけます。万葉集には十首以上出てきますが、花としてではなく、すべて枕詞として使われます。ここでは紫の枕詞になっています。

紫も根から紫色の染料をとることから名づけられました。初夏に小さな白い花をつけます。この歌が詠われたのは、五月五日ということなので、おそらく蒲生野は白い小さな花が咲きみだれていたにちがいありません。茜は紫の枕詞ということですが、緑の中に咲きみだれる白い花に夕日が差しこんで、まばゆいばかりに赤く染めあがっていたのでしょうか。そんなイメージが広がる歌です。

これを受けて大海人皇子が返します。ここでは、紫が「にほふ」を引き出す枕詞になっています。高貴な紫がにおわんばかりのあなたは、人妻だからこそいよいよ恋しいのです。色あざやかなだけでなく、大人の妖艶な息づかいがただよっています。この歌をやりとしたとき、大海人と額田王はかなりの年だったはずです。

額田王が「神聖な薬草地で、管理人が見るだろうに、わたしに向かって手をふることです」と詠うと、すかさず大海人が「紫ににおうがごときあなたは今、わたしのもとにいないので憎らしいのですが、人

●天智、天武、額田王系図

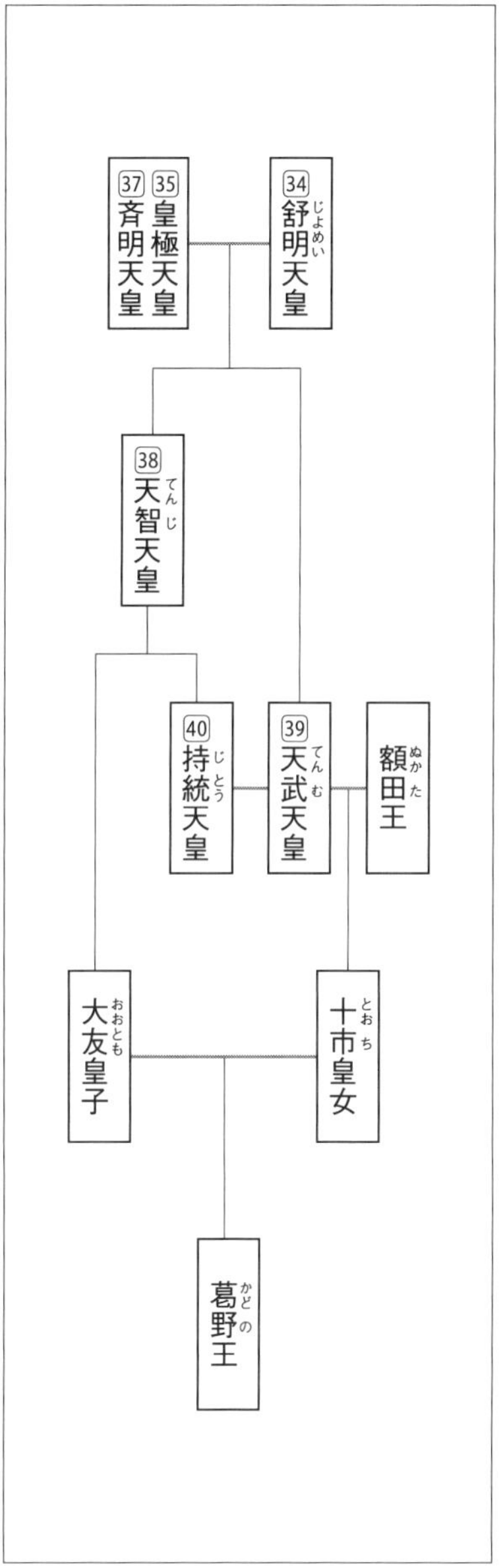

妻だからこそよけいに恋しいのだろう」と和《こた》えます。

このとき、天皇は天智、大海人は皇太子、額田王は天智の後宮にいたと考えられています。もともと大海人と額田王は夫婦で、十市皇女《とおちのひめみこ》をもうけました。十市は天智の嫡子である大友皇子の妃となり、葛野王《かどのおう》を生んでいます。蒲生野の猟の時点で、二人が四十代以上だったのはまちがいないようです。人生の酸いも甘いもかみ分けた年齢にありました。

◆額田王をめぐる三角関係で読みとく

この二首は華やいでいて、芝居を見ている印象を受けます。実際に猟のあとの宴で披露されたのかどうか、疑問も出ています。しかし、万葉集に堂々と出てくるのですから、芝居だとしても二首の歌と、作歌の背景は受けいれるべきです。

かつて夫婦だった大海人と額田王が、額田王の今の夫である天智の前で、昔の恋心が続くかのように見せつける。こんな歌が天智がいる満座の中で詠われたのです。すべてをわかった上での創作、歌劇だったと考えるのも当然ですが、重要なのは万葉編者がこの歌群で訴えようとしている中身です。

万葉集はどうしてこの歌を、巻一冒頭の天智朝の最後にもってきたのでしょうか。それには万葉編者の強い意思がはたらいているととるべきです。

万葉集の巻一が最終的に編集される時点では、蒲生野の宴会に参加した人たちは全員が過去の人たちです。歴史上の人物ということになります。万葉編者はそういった歴史的事実をもとに、万葉集を解説しています。歴史上の事件を際立たせるために、効果的な編集をしていったわけです。この歌は、歌としてすばらしいものですが、巻一冒頭歌群の天智朝最後に置かれていることからして、それだけで終わるとは考えにくい。編者のメッセージがこめられているはずです。

そのメッセージが、直前の一七―一九番歌群のダメ押しです。天智天皇の即位、近江遷都は日本書紀の描くようなものではないですよ――これをいいたいのです。

三人の関係がすけて見えます。皇太子の大海人と額田王が、朝廷の幹部が一堂に会する場で、天皇の天智をコケにします。直前の一七―一九番歌グループのあとを受けて、天智をコケにしています。近江に遷都せざるをえない天智は、大海人と額田王にコケにされて当然なのだ、と。

二〇、二一番歌が歴史的事実として宴席で披露されたのか、あるいは万葉集の編集事情であとで収録されたのか、はたまた歴史事実を強調するために万葉編者が創作したのか。今では確かめようがありませんが、これ自体は万葉編者、万葉史観にとって大した問題ではありません。天智の近江遷都の実態を浮かびあがらせることができれば目的達成なのです。

天智朝なんて大したことない――。

先にもふれましたが、中大兄の三山歌は額田王をめぐる天智天皇と大海人皇子の三角関係を暗示しています。巻一冒頭の一六―二一番歌は三者の三角関係を前提に読むことで、歌の裏に秘められた世界を垣間見ることができるようになっています。この二〇、二一番歌がその総仕上げというわけです。

ここでとりあげた一六―二一番歌は、藤原定家〔※巻末資料〕が参考にした「先行万葉集」にあったのは確実です。ただし、すでに指摘したように、万葉史観による左注はまだ組みこまれていません。秘められた歌意からして、これら歌を原万葉集にとりこんだのが藤原不比等というのはありえない。それならだれが原万葉集にとったのか。おそらく、天武朝ですでにとりこまれていたのでしょう。もし、これら一連の歌群に額田王がかかわっていたのなら、六首すべてが額田王の創作です。あるいは山上憶良かもしれません。いずれにしろ、一連の歌群はフィクションです。創作劇です。

6 額田王の歌は別に四首あり

読者のなかには、巻一の一三―二一番歌の解釈を、「なんと恣意的な」と感じた人もいたはずです。たしかに、これまでの常識では決して出てこない解釈です。しかし、これは本書の一方的な押しつけではありません。額田王をめぐる倭の三山歌群（一三―一五番歌）が天智朝の六首歌群鑑賞の案内になっていて、その案内に従ったままでです。七、八番歌と、斉明朝最後の中大兄の倭三山歌（一三―一五番歌）によって、天智朝の六首を、額田王をめぐる天智天皇と大海人皇子の三角関係で読みとけ、と指示しているのです。その指示に従って六首を理解することで、「天智東征」が浮かびあがってくるのです。

一三―一五番歌群が案内する一六―二一番歌群の解釈は、八番歌左注が伏線になっています。この左注は斉明天皇に関係しますが、最後の「但し、額田王の歌は別に四首あり」だけは、天智に関係します。直接には、この章4節でとりあげた一七―一九番歌群の作歌事情の説明になっています。その案内を理解してもらえれば、これまでに積もり積もった万葉史観への疑問がいささかでも消えるのではないでしょうか。

すでに見たように、この「額田王の歌は別に四首あり」がどうして、八番歌左注に置かれたのか、これまではまったく不明でした。研究者の中には、「本来あるべき額田王の四首が脱落したのだろう」と考える人もありました。しかし、万葉集のわけのわからない注を、読み手が理解できないから、と編集の落ち度とするのは問題です。

巻一冒頭歌群の左注はすべて異常といっていいくらいですが、中でも「額田王の歌は別に四首あり」は、とり扱いに困っているようで、研究者たちはあえてふれていないようです。基本的に無視していますが、なぜ無視するのかを、岸本由豆流《きしもとゆづる》〔※巻末資料〕の『万葉集攷証《まんようしゅうこうしょう》』が説明しています。岸本の考えです。

［萬葉集攷證］——第一巻

別有二四首一。考別紀云、別に四首あらば、何の書とも何の歌ともいふべし。右にいふごとくのひが心よりは、何歌をか見誤りていふらん。上の軍王の歌（筆者注、五—六番歌群）よりはじめて古注多かれど、わづらはしくて、さのみは論ぜず。これらをおして知れ。

岸本の見解はしごくもっともです。ほかに四首あるというのなら、何という書の、何という歌なのかを、明記してあたりまえではないか。それを明らかにできないのは、ひがごとにすぎない。どうせ、何かの歌を見あやまったのだろう。この部分の歌には古くからの注が多くついているが、ちゃんとした研究者は、わずらわしくて論じたりはしないのだ。このようにきりすてます。

しかし、「額田王の歌は別に四首あり」がこの場所に置かれなければならない理由があったのです。八番歌左注と関連する七番歌の二首を引用します。ここでは題詞と左注が問題で、歌本体は関係ありません。

［万葉集］——巻一の七番歌

明日香川原《あすかかはら》の宮に御宇《あめのしたしらしめ》す天皇の代　天豊財重日足姫《あめとよたからいかしひたらしひめ》天皇

額田《ぬかた》王の歌　未詳

秋《あき》の野《の》のみ草《くさ》苅《か》りふきやどれりし　宇治《うぢ》のみやこの仮廬《かりいほ》し思《おも》ほゆ　（巻一―7）

右、山上憶良大夫の類聚歌林を検するに曰く、「一書に、戊申の年、比良宮に幸す大御歌なり」。但し、紀に曰く、「五年の春正月の己卯の朔辛巳、天皇、紀の温湯より至りたまふ。三月の戊寅の朔、天皇、吉野宮に幸して肆宴《とよのあかり》きこしめす。庚辰の日、天皇、近江の平浦に幸す」。

［万葉集］――巻一の八番歌＝再掲

後岡本《のちのをかもと》の宮に御　宇《あめのしたしらしめ》す天皇代　天豊財重日足姫《あめとよたからいかしひたらしひめ》天皇、位後、後岡本《のちのをかもと》宮に即きたまふ

額田王の歌

熟田津《にぎたつ》に船乗《ふなの》りせむと月待《つきま》てば潮《しほ》もかなひぬ　今《いま》は漕《こ》ぎいでな　（巻一―8）

右は、山上憶良大夫の類聚歌林を検するに曰く、「飛鳥岡本宮御宇天皇の元年己丑、九年丁酉十二月の己巳の朔壬午、天皇と大后と伊豫の湯の宮に幸す。後岡本宮に馭宇す天皇の七年辛酉の春正月の丁酉の朔壬寅、御船西に征き、始めて海路に就く。庚戌、御船が伊豫の熟田津の石湯の行宮に泊つ。天皇、昔日より猶ほ存れる物を御覧して、当時忽ちに感愛の情を起こしたまふ。このゆゑに歌詠を製りて哀しみ傷みたまふ」。即ち、この歌は、天皇の御製なり。但し、額田王の歌は別に四首あり。

まずは七番歌の題詞です。額田王の名前の初出です。この額田王に「未詳」とあります。どういう意図で、こんな注をつけたのでしょうか。額田王の説明に「未詳」とあるのが不自然です。万葉集の歌姫を「未詳」とは失礼千万ですが、これが万葉史観です。

万葉集で人物に「未詳」とある場合は、その人物の素性がよくわからない、正体不明という意味ですが、万葉集を読む人で額田王を知らない人はまずいません。その額田王にあえて未詳をつけたのには理由があるはずです。そうおもって理由を探しますが、みつかりません。それもそのはず、もともと理由がないからです。

万葉史観のサインは読者の注意を引くことです。ここもそうです。

「読者のみなさんがご存知の額田王に注意してください」

これが「未詳」の案内なのです。七番歌は題詞が額田王作だとする最初の歌です。その最初に理解不能の注が出てくるのです。それを無視して読み進むようなことはしないでください。これから出てくる額田王の歌には編者の重大なサインが編みこまれているのです。読者にそう心して読み進むことを求めているのです。そうおもって左注を見ると、案の定、作者が額田王から斉明天皇へと変更されています。

さらに八番歌です。この歌はどうか。こちらは題詞に編集的な細工はなさそうですが、これまた題詞で額田王の歌だとあるのを、左注が斉明天皇へと作者を変更しています。

八番歌左注は七番歌に劣らずに異常です。『類聚歌林』をもちだして、八番歌とは関係ない別の歌の解説をとうとう始めます。

この左注はもともと斉明に関係する案内ですが、わけのわからない注の最後に「但し、額田王《ぬかたのおほきみ》の歌は別に四首あり」が出てきます。これが一七―一九番歌群を理解するための案内になっています。「額田王の歌がほかに四首ある」というのはどういうことなのか。

万葉史観へいざなう額田王

万葉集には額田王の歌とされるものが十三首あります。巻一に七首、巻二に四首、巻四、巻八にそれぞれ一首ずつ出てきます。巻四と巻八の歌は、題詞も含めて同じ重出歌です。ここで「ほかに四首ある」というのは、どの歌を指しているのでしょうか。巻一の中のことをいっているのでしょうか。巻二の四首のことをいっているのか。それとも、万葉集以外の歌を指しているのか。

万葉集にない歌を四首といわれても、読者は困ります。ここはやはり、万葉集の中の歌を指すと考えるべきでしょう。それなら巻二にある額田王の歌四首でしょうか。内容的には、巻二の四首を指しているとはおもえません。巻二の額田王歌は、天智の死に関するものが二首、持統朝のもの二首となっています。

やはり、八番歌のいう四首というのは、巻一にある歌を指すようです。題詞の説明によるかぎり、巻一には、額田王の歌が全部で七首あります。この七首を順番に見ていきます。

ここまでに出てきた七、八番歌です。この二首は題詞が額田王作としながら、左注で作者を変更していました。七番歌などは、題詞そのものが額田王作にクエスチョンマークをつけています。万葉編者は七、八番歌を額田王の歌でないとしている、と理解すべきです。その上で、八番歌左注が「額田王の歌は別に四首あり」といっているのです。

つまり、九番歌以降に額田王の歌が四首あるといっているのです。

ところが実際には、九番以降に題詞が額田王作とする歌は五首あります。巻一にはもともと額田王歌が七首あって、七、八番歌の二首が額田王作でなくなったのですから、五首が残ることになります。四首と五首とでは、勘定が合いません。これはいったいどういうことでしょうか。万葉編者の単なる勘ちがいなのか。これまでの研究者のように、膨大な歌を扱っているのだから少々のミスはあるものと理解すべきなのでしょうか。

くり返しますが、万葉編者はそれほどズサンではありません。緻密な計算のもとに読者を案内しています。ここも編者がしっかりと狙いをもって誘導しています。

九番歌以降で額田王作とされるのは、九、一六、一七、一八、二〇番歌です。いずれも題詞がそう主張しています。この中で題詞のいっていることがそのまま通っているのは、九、一六、二〇番歌の三首です。この三首には、左注による作者の変更がありません。これに対して、一七、一八番歌は作者が額田王から天智天皇へと変更されています。一七、一八番歌は、一七—一九番歌群に含まれます。この三首歌群は、一八と一九番歌の左注が作者を変更しています。

一七—一九番歌群のこれら左注の指示が正しいとなると、題詞の「額田王が近江国に下る時に作る歌」が変更されるわけで、この歌群から額田王の歌が消失してしまいます。それでは、額田王の歌が二首減となって、五首から三首になってしまいます。八番歌左注の「ほかに額田王の歌は四首ある」より一首少なくなってしまいます。この注がなければ、そのままにしておけばいいのですが、実際にはあるのでなんとか整合させる必要があります。

どこかからもう一首、額田王の歌をもってこなければなりません。そこで九番歌以降で該当しそうな歌を探してみます。

九、一六、二〇番歌は額田王作で決定です。一〇、一一、一二番歌は斉明天皇で、一三、一四、一五番歌は中大兄で確定です。一七、一八番歌は左注編者がわざわざ額田王から天智へと作者を変更したのだから、これも天智で決まりです。二一番歌も5節で見たとおり、大海人皇子で変更はありません。

となると、残る一首は一九番歌だけです。本章4節で、一九番歌を額田王が天智をコケにして詠ったとしましたが、これは単なるヤマ勘ではなかったのです。八番歌左注が一七—一九番歌の作者変更で一九番歌がだれの歌かわからなくなることをあらかじめ想定して、一七、一八番歌を天智作としたら、一九番歌は額田王作でなければならないと読者を案内しているのです。

一七—一九番歌群はあくまで、天智の歌に額田王が和《こた》えたのでなければならないのです。歌の恣意的な解釈ではありません。それが万葉史観の案内なのです。

結局、九番歌以降で題詞が額田王作とする五首のうち一七、一八番歌の二首が額田王作でなくなり、かわって一九番歌が額田王作となることで四首で勘定が合うことになります。八番歌左注のわけのわからない解説も、そう説明する必然性があったのです。

巻一の斉明朝最後の中大兄の三山歌群、近江朝の六首歌群は、ここで鑑賞したとおりに理解するように編集されているのです。

斉明朝最後の中大兄の三山歌群（一三—一五番歌）は、歌本体をとおして額田王をめぐる中大兄と大海人皇子の三角関係をほのめかします。狙いはそれに続く天智朝の六首歌群（一六—二一番歌）を、額田王、天智（中大兄）、大海人の三角関係で鑑賞しろという案内です。さらに三山歌の三角関係の仲裁のために出雲から瀬戸内海を東航する阿保《あぼ》大神をとおして、中大兄の瀬戸内海東航を示唆します。これが「天智東征」です。

中大兄の倭三山歌群はさらに中大兄にダメ押しをします。題詞と左注で、中大兄が倭王権の皇子ではない、孝徳朝の皇太子でない、ということを強くにおわせます。

天智朝の六首は、額田王、天智、大海人の三角関係で読みとけというメッセージを受けとることができれば、ここで見たように鑑賞するのはそれほど難しいことではありません。

一六番歌は、天智天皇の恋の疑心暗鬼を詠っています。天智が春山の万花の艶かさと、秋山の千葉《せんよう》の彩りをとおして、自分と大海人とどちらを愛しているのかを確認しているのです。額田王は大海人のもとから天智の後宮にはいったとされますが、額田王の後宮入りは額田王の本意でないことはだれもが知っていたのでしょう。それなら、春山を大海人、秋山を天智と理解して一六番歌を鑑賞することに、さほど無理はないとおもいます。

一七—一九番歌は近江遷都の真相を示唆します。三首歌群に二つの左注をもつだけに、ひじょうに手のこんだ案内をしています。その意図するところは、倭《やまと》に未練を残しながら近江に遷都しなければならない天智の無念です。一七、一八番歌でその無念を引きずり出して、一九番歌が遷都をおもうようにできない天智をコケにするという図式です。額田王が大海人に向かって、これみよがしにいいます。

「三輪山を見ることができない？　倭《やまと》の住人ならだれだって見慣れた三輪山を見ることができないなんて、なんて哀れなんでしょう、ねえあなた」

その仕上げが二〇、二一番歌です。衆人環視の中、亭主の前で額田王が、前夫とのあいだで恋の歌をやりとりするのです。これ以上、人をバカにした話はないでしょう。それを万葉集は堂々とやってのけているのです。これが歴史的事実かどうか、これは問題ではありません。そうだと印象づけることが重要なのです。

万葉史観で万葉巻一冒頭歌群を読みときました。これが本書の単なるおもいこみかどうか、二章以降で徹底的に検証します。万葉史観は万葉集そのもので主張することもありますが、多くは日本書紀を裏づけの支えにします。万葉集と日本書紀から、万葉史観の描く世界を浮きあがらせます。

二章　中大兄皇子、不在の証明

推古《すいこ》朝が終わって以降、舒明《じょめい》から斉明《さいめい》朝の最大の権力者、あるいはナンバー2は中大兄《なかのおおえ》である、日本書紀はこう筆を進めます。しかし、実際はちがうようです。読者にそう受けとってほしい、という書紀編者の願望です。これを万葉集が「事実ではない」とあばきたてているのです。これが万葉史観です。

一章でとりあげた万葉集冒頭歌群が示唆する世界は、あまりに突拍子もないので、強引かつ恣意的な歌の解釈だとの誹《そし》りを受けるかもしれません。しかし、万葉史観の案内に忠実に従っただけなのです。万葉編者のミスとされてきた異様な表記をそのまま受けいれて解釈していけば、天智《てんじ》天皇は筑紫から東征した、この結論に至らざるをえません。

あるいは、本書の万葉集理解を、一つの解釈だとして受けいれる読者でも、万葉編者の主張自体がフィクションだと考えるかもしれません。しかし、万葉史観は、万葉編者の一方的な押しつけではありません。万葉集が書紀の歴史改ざんを告発するときは、必ず書紀で裏づけをとっています。書紀の記事を支えにしています。

これまで見た一章の歌解釈を、万葉編者の案内で、書紀の記事による裏づけ作業をおこないます。天智の皇子名は中大兄でとおっていますが、中大兄の名前で書紀に出てくるのは皇極三年、大化一年（皇極四年）の二年間です。三章ではこの二年間におこった皇極四年（六四五）の乙巳《いっし》の変《へん》と古人大兄皇子一族殺害にからむ「中大兄」表記の全行動をとりあげます。その二年間で中大兄が何をやったのか、その事績の何が事実で、何がウソかを検証します。

1 中大兄と皇位継承のライバルたち

万葉集の中の中大兄はひどい扱いを受けています。のちに天智天皇となるにもかかわらず、皇子としての待遇をしてもらえません。万葉集は確信的に中大兄を皇子と認めません。巻一冒頭の近江朝の歌群は天智をほとんどコケにしています。信じられないほどでした。一章で見たとおりです。すでにふれたように、天智天皇の歌が天皇の歌を示す「御製歌」とならず、「御歌」表記です。天智（中大兄）に対する万葉編者のスタンスは徹底しています。

それなら、日本書紀の中大兄はどうでしょうか。書紀は中大兄を、舒明朝以降の皇太子、あるいは皇太子にもっとも近いかのように描きます。いつ天皇になってもおかしくないといった記述をします。本当にそうなのか。二章以降は中大兄の実像に迫りますが、本題にはいる前に中大兄のライバルたちを整理します。

中大兄はだれと皇位を争ったのでしょうか。中大兄が活躍したとされる皇極《こうぎょく》、孝徳《こうとく》、斉明《さいめい》朝の皇位継承候補は、年の順に山背《やましろ》大兄王、軽《かる》皇子、古人《ふるひと》大兄皇子、漢《あや》皇子、中大兄、大海人《おおあま》皇子がいました。これは書紀による長幼の序列です。古人大兄と漢の長幼はわかりません。系図で一番下に並ぶ六人ということになります。彼らの皇位への近さを日本書紀で確認します。

この中でだれが一番皇位に近かったのかというと、山背大兄です。山背大兄は聖徳太子と蘇我馬子《そがのうまこ》の娘の刀自古郎女《とじこのいらつめ》との間に生まれました。バリバリの蘇我系です。天智のお父さんとされる舒明天皇（田村皇子）とポスト推古を争いますが、蘇我蝦夷《えみし》が舒明を支持したため破れます。蘇我本家の宗主が、蘇我氏の希望の星をさし置いて、反蘇我の急先鋒と見られる舒明をかついだのです。血統こそすべての時代にあって、とても信じられない政治センスです。さらに、蝦夷の息子の入鹿《いるか》が、古人大兄を即位させるのに邪魔だという理由で、山背大兄は一族滅亡の憂き目をみます。山背大兄の子孫は一人も残りませんが、これにより山背大兄のほうが古人大兄より継承順位が上だということがわかります。入鹿が古人大兄を即位させるために山背大兄を殺害しているからです。

ただし、実際は入鹿による山背大兄一族滅亡はなかったようです。物部《もののべ》氏系の『先代旧事本紀《せんだいくじほんき》』という歴史書が、入鹿の実在を否定しています。実際は蝦夷を入鹿だとしていますが、いずれにしろ山背大兄一族を滅亡に追いやった蘇我馬子の孫は存在しないと主張しています。

そのつぎが古人大兄です。古人大兄は舒明《じょめい》天皇と馬子の娘の法提郎媛《ほてのいらつめ》とのあいだに生まれます。蘇我系ということで、蘇我本家が即位させようとした皇子です。このため入鹿が山背大兄を殺害までしています。このあと、中大兄と中臣鎌足《なかとみのかまたり》が蘇我本家を倒す乙巳《いっし》の変《へん》がおきます。このため皇極天皇が譲位することになり、皇極のあとをだれが継ぐかでもめます。このときの天皇候補は蘇我本家をみずから倒し

●孝徳朝前後の皇位継承候補
（下の■の中が中大兄と皇位継承ライバル）

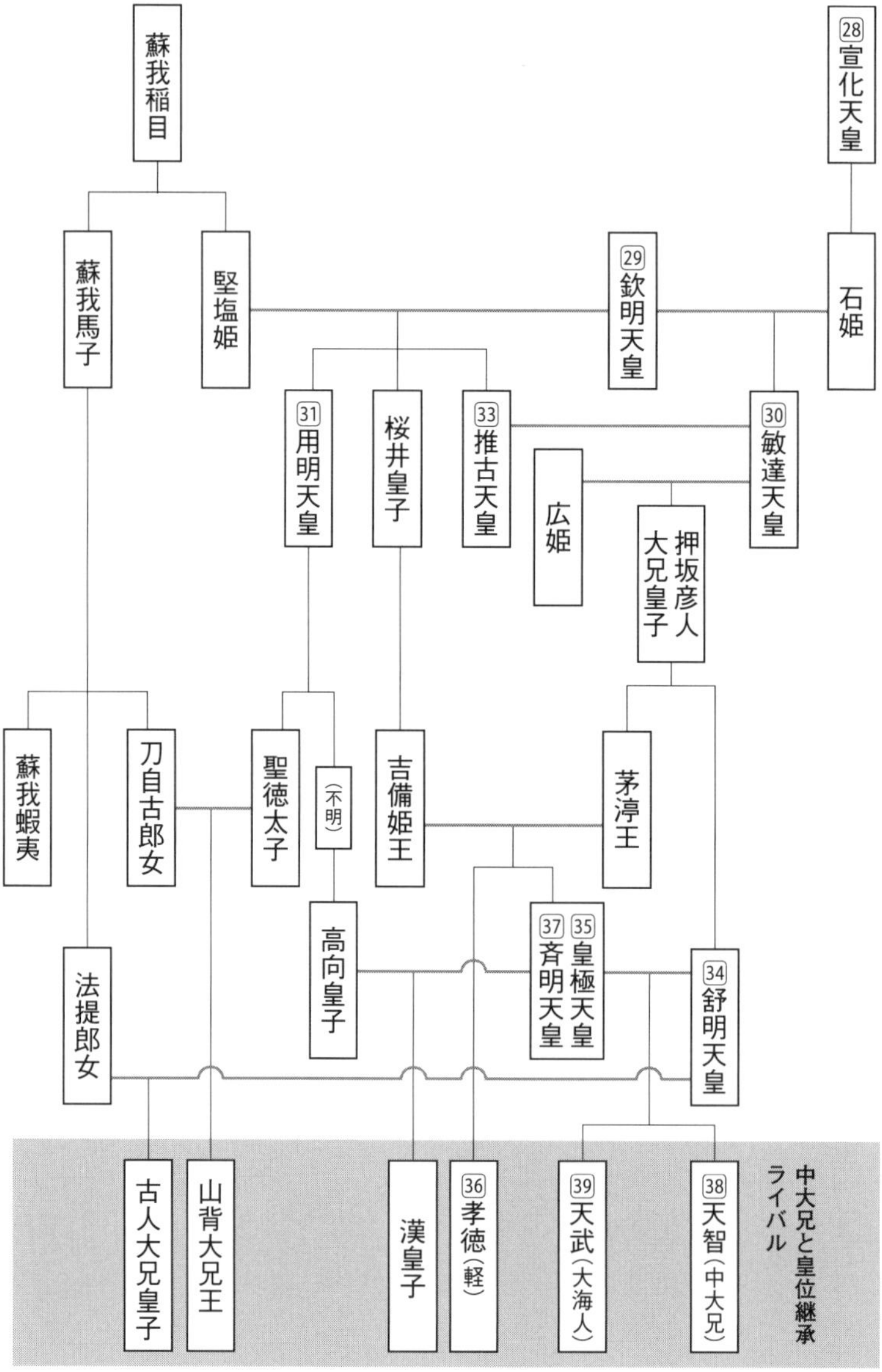

日本書紀では、古人大兄皇子と大海人皇子は別人に描かれています。古人大兄は中大兄の異母兄です。皇極紀皇極四年(六四五)と孝徳紀大化一年(同)に皇位継承の最有力皇子として登場しながら、中大兄に謀反をはかったという理由で、中大兄に一族殺害に追いこまれます。一方、大海人皇子は、中大兄の同母の弟です。中大兄の同母弟でありながら、中大兄が活躍する皇極紀、孝徳紀、斉明紀では、まったく姿を見せません。それでいて、天智の最期になって華々しく登場して、天下をとります。本当に中大兄の同母弟だとしたら、あまりに唐突というか、行きあたりばったりのストーリー展開としかいいようがありません。この不自然さはおそらく、同一人物を、時期によって、古人大兄と大海人皇子に分割して描いたことに原因があるようです。つまり、古人大兄と大海人を同一人物とすれば、古人に青年期を、大海人に壮年期の役回りを割り振ったことになり、スンナリ理解できます。大海人は中大兄とともに、舒明と皇極の皇子ということになっていますが、皇極には二人のほかに漢皇子もいて、おそらく漢皇子も大海人と同一人物と考えられます。

た中大兄、皇極の弟の軽《かる》皇子、そして古人大兄皇子の三人です。この際、皇極から即位をすすめられた軽皇子が「古人大兄が継ぐのが筋だ」といって、いったんは辞退します。結局は軽が即位して孝徳《こうとく》天皇になりますが、軽皇子の発言から古人大兄の継承順位は中大兄より上だったことがわかります。

年齢的に古人大兄と同じくらいと考えられる漢皇子は、斉明（皇極）天皇が舒明天皇と結婚する前に高向《たかむく》皇子とのあいだに生んだ子どもです。高向は書紀では用明天皇の孫、『本朝皇胤紹運録《ほんちょうこういんしょううんろく》』は子どもとしています。書紀は高向を用明と遠い関係に置きたいようです。おそらく用明の子どもとおもわれます。ただし、文献的には斉明と高向の子どもとして出てくるだけで、その後の消息はわかりません。

書紀によれば中大兄と大海人は兄弟です。中大兄のほうが兄ですが、弟も皇位継承権はあります。

結果的には軽皇子が即位して孝徳天皇となりますが、これはあくまでフロックです。軽は皇極から即位をもちかけられたときに、「天皇の子どもでない自分はふさわしくない」といって固辞しています。２節で確認します。

以上見たように、書紀をもとにすれば、皇位継承権はつぎのようになります。

1. 山背大兄王
2. 古人大兄皇子
3. 中大兄
4. 大海人皇子
5. 軽皇子

書紀の記述だけで見ても、中大兄は書紀が描くほど皇位に近い存在ではなさそうです。

中大兄は日本書紀の記述によると、舒明天皇のときにすでに皇太子になっています。しかし、皇太子でありながら、皇極、孝徳、斉明、称制天智朝と、四度も即位しそこねています。ひじょうに不可解です。しかも、中大兄が即位しようとするときに邪魔をするのが、母親の斉明なのです。四回のうち二回は母親に皇位をさらわれています。

◆くり返される天皇なり損ね

日本書紀は斉明を中大兄の庇護者のように描きますが、実際はちがうようです。斉明が中大兄即位をはばんでいたのです。中大兄の一番のライバルは何と斉明だったのです。

斉明と中大兄の母子関係の、本当のところはどうなっているのでしょうか。中大兄の皇太子関連記事です。

●日本書紀の中大兄皇太子関連記事

[記事1] 舒明紀舒明十三年（六四一）冬十月

（舒明を）宮の北に殯《もがり》す。是れを百濟の大殯と謂ふ。是の時に、東宮《とうぐう》開別《ひらかすわけ》皇子、年十六にして誄《しのびごと》す。

[記事2] 皇極紀皇極四年（六四五）六月

（皇極は）位を輕《かる》皇子に讓る。中大兄を立てて、皇太子とす。

[記事3] 孝徳即位前紀皇極四年六月

位を中大兄に傳へむと思ひ欲して、詔《みことのり》して曰く、云云《うんぬん》。

［記事4］孝徳即位前紀皇極四年六月

是の日、號を豊財天皇に奉りて、皇祖母尊《すめみおやのみこと》と曰さしむ。中大兄を以て皇太子とす。

［記事5］孝徳紀白雉五年（六五四）十二月

冬十月　…略…　壬子に、天皇正寝に崩りましぬ。

十二月の壬寅の朔己酉の日に、大坂磯長陵《おほさかしながのみささぎ》に葬る。是の日に、皇太子、皇祖母尊《すめみおやのみこと》を奉りて、倭河邊行宮《やまとのかはらのかりみや》に遷《うつ》り居《おは》す。

［記事6］天智称制前紀斉明七年（六六一）七月

七年の七月の丁巳に、（斉明が）崩る。皇太子、素服になりて称制《まつりごときこしめ》す。

最初の天皇とりの失敗は舒明天皇が亡くなったときです。このときなぜ、天皇にならなかったのか、なれなかったのか。理解に苦しみます。なぜなら記事1にあるように、中大兄は東宮（皇太子）として舒明の誄《しのびごと》をのべているからです。

それにしても、皇太子中大兄の登場は唐突です。皇太子になるのだったら、立太子というか、皇太子に立つという記事があるものですが、舒明紀の中大兄は立太子記事がなくて、いきなり東宮（皇太子）として出てくるのです。それでも、天皇である父親が亡くなったあとに、皇太子としてそのまま天皇になっているのならわかります。あるいは、このときは十六歳と若かったということが影響したのでしょうか。

そうだとしても、皇太子として天皇である父親の誄までしていることを考えると、合点がいきません。

この疑問に、日本書紀は何もこたえていません。こたえないまま、書紀は、皇太子をさし置いて、なぜか、中継ぎと考えられる宝皇后《たから》、つまり中大兄の母親を天皇にしてしまいます。これが皇極（のちの斉明）天皇です。

母親の即位は中大兄にとって、鳶に油揚げをさらわれる、といった気分だったでしょうか。しかも、父親が天皇のときは東宮だったのに、母親が天皇になると東宮からはずされているのです。皇極はどうして中大兄を皇太子にしなかったのでしょうか。日本書紀はこれについても沈黙を守ります。

二回目の天皇なり損ねは、皇極が皇位をゆずるときです。記事2―4です。皇極は天皇になって四年目で、皇位をゆずることになります。この皇極の譲位も不可解なもので、譲位の理由が明らかでありません。ただ、譲位の直前に、蘇我蝦夷と入鹿の蘇我本家が、中大兄と中臣鎌足によって倒される乙巳《いっし》の変《へん》がおこっています。皇極が皇位をゆずったのは、これが原因と見られます。

皇極の譲位の理由は乙巳の変が原因でまちがいないとおもわれますが、日本書紀には、

「位を中大兄に伝えんと思い欲して詔して曰く云云」

とあるだけです。なぜ中大兄に皇位をゆずろうとしたのか、これがさっぱりわかりません。譲位する意向だったのなら、どうして中大兄を皇太子に立てなかったのでしょうか。

それでも皇極が譲位の理由にした「皇位を中大兄に伝えるため」が実現していれば納得できるのです

が、今回もそうなっていません。最大の政敵である蘇我本家をみずから倒し、母親である天皇が譲位すると意思表示までしている中大兄が即位しない。とても理解できるような話ではありません。

それより、乙巳の変で皇極朝が倒れたと見たほうが自然です。それなら、皇極朝は蘇我本家が支えていたことになります。実際、そう考えたほうが皇極の譲位を理解しやすい。皇極が自発的に皇位をゆずろうとしたということは、どう好意的に見てもありえません。何しろ、皇極は十年後に天皇に返り咲いているのです。これが斉明天皇です。

乙巳の変の全文は2節にあります。

三度目の天皇どりの失敗は孝徳が亡くなったときです。今度は文句なく天皇になれるだろうとおもいきや、またしても果たせません。

白雉五年、孝徳天皇が亡くなったときの記事5です。

「皇太子、皇祖母尊《すめみおやのみこと》（斉明）を奉りて、倭河邊行宮《やまとかはらのかりみや》に遷《うつ》り居す」

中大兄は母親を奉じて、つまり母親を天皇にかついで、宮殿を倭河辺行宮に遷します。

どうしてみずから天皇にならなかったのでしょうか。一度は自分を天皇にしようとして譲位までした母親です。その母親をどうしてかつがなければならなかったのでしょうか。

日本書紀はこれについて、孝徳紀の終わりでも、斉明即位前紀でも何もふれません。斉明の即位前紀は、斉明天皇の簡単な略歴を数行にわたって記述しているだけで、そのまま本紀へはいります。

四度目は、斉明七年七月の記事6です。中大兄自身が称制したときです。どうして即位でなく、称制だったのでしょうか。

四回にわたる中大兄の即位の失敗を見ると、そのかげに斉明天皇が見え隠れします。これまでは、斉明が中大兄の庇護者のように考えられていましたが、見直しが必要のようです。

斉明と中大兄の関係見直しをさらに続けます。

中大兄の四度の天皇なり損ねでもっとも信じられないのが、二度目の天皇なり損ねです。中大兄が自力で蘇我本家を倒した乙巳《いっし》の変《へん》の直後で、しかも現天皇の母親が中大兄に譲位するといっているにもかかわらず、天皇になれない。まったくもって不思議な話ですが、その乙巳の変について、日本書紀を見ます。

2 乙巳の変の真実

中大兄はいうまでもなく、舒明天皇の嫡子とされます。中大兄は本来の名前ではありません。皇子としての名前は、「葛城《かづらき》皇子」、「開別《ひらかすわけ》皇子」、「中大兄《なかのおおえ》」があります。ただ、中大兄だけは皇子がつきません。書紀には意外にも「中大兄皇子」の表記はただの一度もありません。藤原氏の歴史をしるした『藤氏家伝』にも乙巳の変が出てきます。内容は基本的に書紀と同じですが、こちらにも中大兄に皇子はつきません。中大兄に皇子をつけないというのが約束なのです。

日本書紀だけで見ると、「葛城」は舒明二年一月の家族関係の紹介記事に出てきます。これは正式の履歴書にあたるので、本来の名は葛城と考えられます。葛城の表記はここの一回だけです。「東宮開別皇子《ひらかすわけ》」は舒明十三年の舒明の死亡時の記事です。ここで東宮（皇太子）として父舒明の誄《しのびごと》をしています。開別の表記は天皇名としては複数出てきますが、皇子名としてはこの一度だけです。開別が「天智」だとは書紀は明記していません。天智の天皇名の天命開別と同じということで、天智の皇子名とされます。

それでは問題の「中大兄」はどうでしょうか。日本書紀には中大兄の表記が二十回あまり出てきます。天智の皇子時代の名前が中大兄で通っているのも納得できます。それで、天智の皇子時代全般にわたって出てくるようにおもうのですが、これがそうでもないのです。すでに見たように、蘇我本家との権力闘争にからんで出てくるだけです。

日本書紀には、中大兄の名前で倭《やまと》で手がけた仕事は二つあります。二つだけです。蘇我本家を滅亡させる乙巳《いっし》の変《へん》と、蘇我本家をバックにする古人大兄一族を滅亡させる事件です。このうち、中大兄が実際にやったのは乙巳の変だけではないかと考えられます。古人大兄一族滅亡は、あとで確認しますが、これは明らかに書紀の創作記事です。

「はじめに」の冒頭ではあえて「大化の改新」と記述しましたが、蘇我氏を排除した政変自体は「乙巳の変」と呼ばれています。だれもが慣れ親しんでいる「大化の改新」とは、乙巳の変を含んだ大化年間の政治改革の総称なのです。しかし、現在では大化の改新、つまり政治改革はなかったとする説が有力です。本書では中大兄が主導したとされる、従来の大化の改新はなかったことを傍証します。歴史はかわります。新しい発見や研究によってこれまでの歴史認識が大きく塗りかえられて当然です。あの「大化の改新」ですらウソだったのかもしれない。ある権威づけられた説が常識となってしまい、正されることがなくなっていく——その構造については「終章」で考察します。

さて、中大兄は蘇我本家を倒したものの、十分な権力基盤のない倭に居続けることはできなかったようです。権力者を倒しただけで、命からがら筑紫、あるいは難波へと逃げ帰ったというのが真相だったのでしょう。

書紀は中大兄を倭《やまと》王権（大和朝廷）の正統な継承者としたいようで、それで中大兄があたかも飛鳥にいたように描きます。皇極、孝徳朝の皇太子だったと考えられる古人大兄を殺害したことにして、古人大兄の記述を中大兄のことのように見せかけたのです。これが皇極四年六月の中大兄を皇太子に立てる記事です。この事実でない立太子記事のせいで、それ以降の皇太子を自動的に中大兄と錯覚させられているのです。巻一の三山歌群（一三―一五番歌）が告発する中大兄の立太子です。

古人大兄一家の滅亡がウソなら、それが中大兄が飛鳥、畿内倭にいなかった証拠です。もっとも、結論を急ぐ必要はありません。このあと古人大兄一族殺害の真相が明らかになります。
中大兄の動向を追います。この2節と6節で、「中大兄」表記の全記事にあたります。
中大兄の名前が最初に書紀に出るのは皇極三年（六四四）の打毬《だきゅう》の会です。乙巳の変の伏線となる記事です。

[日本書紀]──皇極紀皇極三年（六四四）一月

三年の春正月の乙亥朔に、中臣鎌子《なかとみのかまこ》連を以て神祇伯に拜《め》す。再三に固辭《いな》びて就らず。疾《やまひ》を稱して退でて三嶋に居り。

…略…

（中臣鎌子は）偶《たま》たまに中大兄の法興寺の槻の樹の下に打毬の侶に預《くはは》りて、皮鞋の毬《まり》の隨《まにま》に脱け落つるを候《うかが》ひて、掌中に取り置《も》ちて前《すす》みて跪《ひざまづ》きて恭みて奉る。

この記事で、中臣鎌子（鎌足）と中大兄が初めて出てきます。時間的には鎌足のほうが早いですが、月はいっしょです。中大兄表記の初出は、中臣鎌足との打倒蘇我本家の密謀に関連する記事です。この記事自体は信ぴょう性が相当にあやしい。
中大兄の名前表記はひじょうに恣意的ですが、反蘇我で中大兄と行動をともにする「中臣鎌足」の表記も中大兄に連動して変わります。鎌足の表記は中臣鎌足のほかに「中臣鎌子」「中臣内臣」「藤原内大臣」があります。出てくる回数でいうと「中臣鎌子」が圧倒的に多いのですが、一般的なのが「中臣鎌足」です。人物事典などでも表記は「中臣鎌足」の表記がふつうです。「藤原鎌足」もあります。

どうして中臣鎌足が使われるのかというと、藤原氏の歴史を記す『藤氏家伝』が「鎌足」としているからのようです。もう一つ、中臣鎌子は欽明紀に別人が登場するので、それと区別するためもあるようです。

したがって、中臣鎌足の表記で問題はありませんが、日本書紀の中では中臣鎌足の表記は例外的です。書紀で「中臣鎌足」の表記が使われるのは、孝徳朝で紫冠を授けられる記事の一回だけです。

［日本書紀］――孝徳紀白雉五年（六五四）一月

壬子に、（孝徳天皇が）紫冠を以て、中臣鎌足連《なかとみのかまたり》に授く。封増すこと若干戸。

この記事以前の表記はすべて「中臣鎌子」です。二十回近く出てきます。「中臣鎌子」表記は、「中大兄」表記の中大兄とのからみで出てきます。しかも、「中大兄」「中臣鎌子」表記は、蘇我本家と対立するときだけに使われています。それ以外は出てきません。「中大兄」「中臣鎌子」表記は、書紀編者からのサインなのかもしれません。

今見たように、書紀に初めて中臣鎌足が出てくるのは、皇極三年です。表記はいうまでもなく中臣鎌子です。この正月、鎌足は神祇伯にとり立てられますが、本人はこれを辞退します。これは鎌足の蘇我本家打倒である乙巳の変の伏線となっていますが、ひどく作為的な記事です。『藤氏家伝』によると、鎌足は最初、自分の目的実現のために軽《かる》皇子（孝徳天皇）へと接近しますが、軽皇子の資質を見かぎってか、中大兄に乗りかえます。これが法興寺の打毬《だきゅう》の会で、皮鞋《かわぐつ》をとばした中大兄に鞋《くつ》を渡すというエピソードです。この皮鞋を仲立ちとしたエピソードは書紀の創作の可能性が高い。

◆皇極朝の皇太子は古人大兄？

中大兄と中臣鎌足は、打毬《だきゅう》の会をきっかけに親しくなり、念願の蘇我本家打倒を実現します。乙巳《いっし》の変《へん》です。これを受けてポスト皇極として孝徳天皇が誕生します。続けて大化一年（皇極四年）の中大兄は皇位継承ライバルである異腹の兄、古人大兄皇子とその一族を殺害します。この古人殺害の引き金となるのも、乙巳の変です。この乙巳の変から見ていきます。

おそらく、この事件は実際にありました。ここからしばらくは乙巳の変の話が続きます。

〔日本書紀〕――皇極紀皇極四年六月（六四五）＝乙巳《いっし》の変《へん》

六月の丁酉の朔甲辰に、中大兄、密かに倉山田麻呂《くらやまだまろ》臣に謂りて曰く、

「三韓の調《みつぎ》を進《たてまつ》らむ日に、必ず將《まさ》に卿をして其の表を讀み唱《あ》げしめむ」

遂に入鹿を斬らむとする謀《はかりごと》を陳《の》ぶ。麻呂臣許し奉る。

戊申に、天皇、大極殿に御します。古人大兄《ふるひとおほえ》侍《はべ》り。中臣鎌子連、蘇我入鹿臣の、人と爲り疑い多くして、晝夜劒持けることを知りて、俳優《わざひと》に教へて、方便《たばか》りて解かしむ。入鹿臣、咲《わら》ひて劒を解く。入りて座に侍り。倉山田麻呂臣、進みて三韓の表文《ふみ》を讀み唱ぐ。是《こ》こに、中大兄、衞門府に戒めて、一時に倶《とも》に十二の通門を鏁《さしかた》めて往來《かよ》はしめず。衞門府を一所に召し聚《あつ》めて、將に給祿《さづ》けむとす。時に、中大兄、卽ち自ら長き槍を執りて、殿の側に隱れたり。中臣鎌子連等、弓矢を持ちて爲助衞《ゐまも》る。海犬養《あまいぬかひ》連勝麻呂《かつまろ》をして、箱の中の兩《ふた》つの劒を佐伯《さへき》連子麻呂《こまろ》と葛城稚犬養《かづらきのわかいぬかひ》連網田《あみた》とに授けしめて曰く、

「努力努力《ゆめゆめ》、急須に斬るべし」

中大兄と中臣鎌子（鎌足）は、蘇我入鹿を殺害するため、蘇我氏の中心メンバーである蘇我倉山田《くらやまだ》（石《いし》川《かわ》）麻呂《まろ》を仲間に引きいれてチャンスをうかがいます。石川麻呂は蝦夷の甥にあたります。ちょうどそのころ、三韓からの貢ぎが来ることになり、その日に合わせて決行することになります。

三韓の使者と会う大極殿には、天皇がいます、古人大兄がいます。直後に出てきますが、入鹿がいます。中大兄に加担する倉山田麻呂もいます。大極殿の外には、中大兄、中臣鎌足とその実行役が待機します。しかし、この人物配置は違和感があります。

ここの描写は日本書紀が記述する中大兄のイメージと合いません。1節で見たように、書紀は舒明、皇極、孝徳、斉明朝の皇太子、でなければ皇太子にもっとも近い存在として、中大兄を描いています。それなら、中大兄はどうして大極殿の中にいないのでしょうか。天皇と並んで三韓の使者の相手をするのは、古人大兄です。蘇我入鹿です。

この記事がいささかなりとも事実を反映しているなら、皇極朝の皇太子は古人大兄ということになります。立太子の記事がなくても、古人が皇極朝の皇位継承の最短距離にあったということです。三韓の使節を迎えて大極殿で天皇にはべる、これが皇太子でなくて何でしょうか。この記事のかたるところは、中大兄が有力な皇位継承者などではないということです。

乙巳の変を含む皇極四年（大化一年）の記事、これは孝徳朝の皇太子を追究する上でひじょうに多くの示唆を与えます。続きです。

子麻呂《こまろ》等、水を以て送飯《いひす》く。恐《おそ》りて反吐す。中臣鎌子連、嘖めて勵ましむ。倉山田麻呂臣、表文を唱ぐること將に盡きなむとすれども、子麻呂等の來ざることを恐りて、流づる汗身に浹《あまね》くし

て、聲亂れ手動く。鞍作臣《くらつくり》、怪しびて問ひて曰く、

「何故か、掉《ふる》ひ戰《をのの》く」

山田麻呂、對《こた》へて曰く、

「天皇に近《ちかづ》ける恐《かしこ》みに、不覺にして汗流づる」

中大兄、子麻呂等の、入鹿が威に畏《おそ》りて、便旋《めぐら》ひて、進まざるを見て曰く、

「咄嗟《やあ》」

卽ち子麻呂等と共に、出其不意《ゆくりな》く、劍を以て入鹿が頭肩を傷り割ふ。入鹿、驚きて起つ。子麻呂、手を運《めぐら》し劒を揮きて、其の一つの脚を傷《やぶ》りつ。入鹿、御座に轉び就きて、叩頭みて曰く、

「當《まさ》に嗣位に居すべきは、天子なり。臣、罪を知らず。乞ふ、垂審察《あきらめたま》へ」

天皇、大きに驚きて、中大兄に詔して曰く、

「知らず。作《な》す所、何事有りつるや」

中大兄、地に伏して奏《まう》して曰く、

「鞍作《くらつくり》、天宗を盡《ことごと》く滅ぼして、日《ひつぎ》の位《くらゐ》を傾けむとす。豈《あ》に天孫《あめみま》を以て鞍作に代へむや」

〈蘇我臣入鹿、更の名は鞍作〉

天皇、卽《すなは》ち起ちて殿の中へ入る。

佐伯連子麻呂《さへきこまろ》、稚犬養連網田《わかいぬかひあみた》、入鹿臣を斬りつ。是《こ》の日に、雨下《ふ》りて潦水庭《にはたづみ》に溢めり。席障子《むしろしやうじ》

を以て、鞍作が屍に覆ふ。

古人大兄《ふるひとおほえ》、見て私宮へ走り入りて、人に謂ひて曰く、

「韓人《からひと》、鞍作臣を殺しつ。〈韓政に因りて誅せらるるを謂ふ。〉吾が心痛し」

即ち臥内に入りて、門を杜して出でず。

この段は、実際に入鹿を斬殺します。入鹿がこわいのか、実行役が恐れをなしてなかなかきりかかりません。三韓の上表文をよむ山田麻呂は、いつまでたっても実行されないので気が気ではありません。しばし時間がたって、ようやく入鹿にきりかかります。

この計画を、天皇の皇極は知りません。それで、中大兄に「何が何だかわからない。どうしてこんなことになったのか」と問いただします。中大兄は「鞍作（入鹿）が朝廷を滅ぼそうとしています」と理由を説明します。

きられた入鹿の屍は大雨で庭にたまった水につかっています。蘇我本家をバックにする古人大兄は「韓人が入鹿を殺した」といって自分の宮へ逃げこみます。臨場感あふれる記述です。実際の事件の描写としていいようです。

ここで気になるのが、古人の言葉です。「韓人が入鹿を殺した」、これはどういうことでしょうか。よけいな先入観を排して読めば、ここは「調貢にきた使節が入鹿を殺した」以外にとりようがありません。

三韓の使節が入鹿を殺害したとでもいうのでしょうか。事件の首謀者は韓人とつながる人物だったのでしょうか。中大兄に関する記述は、とにかく尋常ではありません。

ここにある鞍作臣は、中大兄と鎌足に殺された蘇我入鹿です。日本書紀の記事をそのまま受けとれば、入鹿を殺したのは、中大兄と鎌足、それに協力者ということになります。同時に、古人大兄の言葉をそのまま受けいれれば、入鹿殺害の犯人は韓人です。これは倭国人をさしません。書紀の書き方からすれば、百済、新羅、高麗、それに任那の人です。それなら、犯人である韓人とはだれか。

乙巳の変には、首謀者の中大兄、鎌足以外に、四人の協力者がいます。協力者の名前を確認します。蘇我倉山田麻呂《そがのくらやまだのまろ》、海犬養《あまいぬかい》連勝麻呂《かつまろ》、佐伯《さえき》連子麻呂《こまろ》、稚犬養《わかいぬかい》連網田《あみた》です。四人の経歴を見てみましょう。

中大兄、鎌足に事前に話をされていた蘇我倉山田麻呂は、蘇我氏の中心的な存在です。蘇我馬子の孫です。父親の蘇我倉麻呂は蝦夷の弟で、一族は倭王権そのものといっていいくらいの血統です。この時点で、蘇我氏の一族を韓人ということはありえません。

海犬養連勝麻呂は、文献的にはこの事件にからんで登場するだけのようです。海犬養氏は、県犬養氏とともに、犬養部を率いる立場にあったようです。書紀安閑紀に、「安閑天皇二年（五三六）秋八月乙亥朔、詔して國國の犬養部を置く」とあります。犬養部は屯倉をまもる集団で、これを率いる安曇氏、海部氏が海犬養氏を称したという。歴史ある一族です。

佐伯連子麻呂の属する佐伯氏は、大伴氏と同祖といわれる名門軍事氏族です。大伴家持が「陸奥国に金を出す詔書を賀す歌」で「…大伴と佐伯の氏は人の祖の立つる言立て人の子は祖の名絶たず大君にまつろふものと言ひ継げる…」とあり、大伴氏とならぶ倭王権の名門中の名門です。

葛城稚犬養連網田も文献上は乙巳の変で出るだけですが、名前にある稚犬養氏は海犬養氏と同様、倭国の在来氏族と考えられます。

以上個別に見ましたが、海犬養氏、佐伯氏、稚（若）犬養氏の三氏は、いずれも朝廷の宮殿をかこむ十二門を守衛する一族です。奈良時代に改姓した藤原氏よりはるかに名門です。蘇我氏を含め、いずれも韓人と呼ばれることはありません。

●飛鳥の宮殿十二門

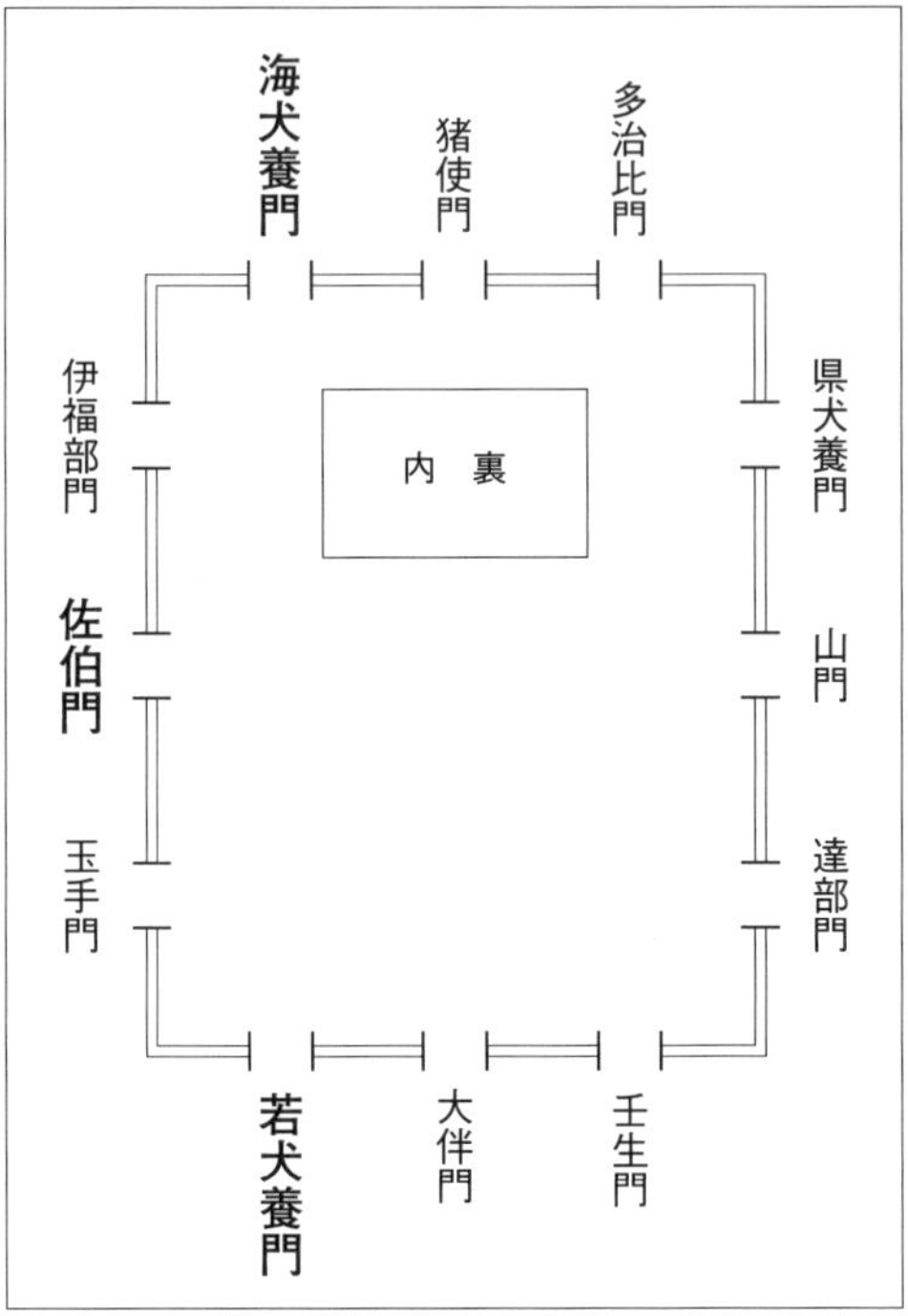

協力者四人は、倭国人でまちがいなさそうです。とすると、中大兄、鎌足こそ韓人ということにならざるをえません。これまでの常識では、古人が指摘した乙巳の変の韓人が、中大兄と中臣鎌足であるなどとは考えられもしませんでした。舒明天皇の皇子であり、のちに天智天皇になる中大兄と、中大兄の懐刀の鎌足が韓人であるわけがあ

りません。

しかし、そうした先入観を排して、日本書紀を素直に読めば、乙巳の変の犯人は韓人であり、犯人の中で韓人でありうるのは、中大兄と鎌足しかいなかったことになります。こう考えたほうが蓋然性が高いようです。

中大兄の蘇我本家打倒は、同じ王権内での権力闘争のようには見えません。ほとんどテロ事件です。中大兄のやり方に計画性が見られません。蘇我本家亡きあとの倭王権《やまと》をどう動かしていくのか、中大兄が主体的に考えていた節はうかがえません。中臣鎌足にもポスト蘇我本家のビジョンがあったようには見えません。

中大兄は蘇我本家を倒したあと、孝徳朝ですっかり影がうすくなります。というより、気配そのものが消えてなくなります。飛鳥から逃げ出した印象です。書紀は強引に中大兄を皇太子にまつりあげますが、これは文字面だけのことです。孝徳朝で中大兄による政治がおこなわれた形跡は皆無です。推古朝的、蘇我本家的な政策が矢継ぎ早に打ち出されています。3節以降で確認します。

それはともかく、ここの書紀の記述から何が見えてくるでしょう。ふつうに考えれば、大極殿にはいれない中大兄は、皇極朝の中心的な人物ではありません。中心人物どころか、朝廷の蚊帳の外だったことになります。

この記事の意味するところは、つぎのようなことではないか。

中大兄は三韓の使節と組んで、でなければ便乗して、どさくさ紛れの中で蘇我入鹿を倒して逃走したのです。しかし、殺害されたのは入鹿ではありません。蘇我蝦夷その人です。入鹿を殺害したというストーリーは、中大兄が事件後ただちに飛鳥から逃げ出したことにしたくなかったからです。入鹿を殺して、そのあとあたかも蝦夷を降伏させたようにすれば、中大兄が飛鳥に権力基盤をもっていたかのように見せることができます。少なくとも、すぐに逃走したようには見えません。それが、実在しない入鹿を登場させた書紀の狙いだったのでしょう。『先代旧事本紀』が、書紀の蘇我入鹿が蘇我蝦夷だという主張をしていますが、ここでは深入りしません。話を乙巳の変に戻します。

中大兄、即《すなは》ち法興寺《はふこうじ》に入りて、城として備ふ。凡て諸皇子、諸王、諸卿大夫、臣、連、伴造、國造、悉くに皆な隨《とも》に侍《はべ》り。人をして鞍作《くらつくり》臣の屍を大臣蝦夷に賜はしむ。是《こ》こに漢直《あやのあたひ》等、眷属を總《す》べ聚《あつ》め、甲を擐《き》て兵を持ちて、大臣を助けて軍陣を處《お》き設《まう》けむとす。中大兄、將軍巨勢徳陀《こせのとこだ》臣を使はして、天地《てんち》開闢《かいびゃく》より君臣始めて有《たも》つことを以て、賊黨に説かしめ、赴く所を知らしむ。

是《こ》こに高向《たかむく》臣國押《くにおし》、漢直等に謂りて曰く、

「吾《わ》れ等、君の大郎（入鹿）に由りて、まさに戮《ころ》されぬべし。大臣も今日明日に立《たちどころ》に誅《ころ》されむことを俟たむこと決し。然らば誰が爲に空しく戰ひて盡《ことごと》く刑せられむか」

と言ひ畢《を》はりて、劍を解き弓を投りて、此《こ》れを捨てて去る。賊徒、亦《ま》た隨《したが》ひて散《ち》り走《に》ぐ。

己酉に、蘇我臣蝦夷《えみし》等、誅《ころ》されむとして、悉に天皇記、國記、珍寶を燒く。船史《ふね》惠尺《ゑさか》、卽ち疾く、燒かるる國記を取りて、中大兄に奉獻る。
是の日、蘇我臣蝦夷及び鞍作の屍を、墓に葬ることを許す。復《ま》た、哭泣を許す。

入鹿を殺害したあとの描写です。中大兄は入鹿を倒したあと、なぜか、法興寺へと逃げこみます。どうして自分の宮へ引きあげなかったのか。古人には自分の宮がありました。中大兄の宮はどうなっていたのでしょうか。このあたりの中大兄の描写は不可解なことばかりです。蝦夷には漢直《あやのあたい》らの親衛隊がいましたが、それでも書紀は蘇我蝦夷を降伏させます。

中大兄がテロ攻撃的に蘇我入鹿（蝦夷）を襲って、そのままどこかへ姿を消します。これが事件の真相です。乙巳の変の記事からは、中大兄がもともと飛鳥に権力基盤をもっていたようには見えません。

是こに或人、第一の謡歌《わざうた》を説きて曰く、
「其の歌に『はろはろに言《こと》そ聞こゆる嶋の藪原《やぶはら》』と所謂ふは、此れ卽ち宮殿を嶋大臣に接ぜて起てて、中大兄、中臣鎌子連と密に大義を圖りて入鹿を戮さむと謀れる兆なり」
第二の謡歌を説きて曰く、
「其の歌に『をちかたの淺野《あさの》の雉《きぎし》とよもさず 我れは寝しかど人そとよもす』と所謂ふは、此れ卽ち上宮王等の性順くして、都て罪あることなくして、入鹿が爲に害されたり。自ら報いずと雖も、天の、人をして誅《ころ》さしむる兆なり」

第三の謡歌を説きて曰く、

「其の歌に『小林《をばやし》に我れを引きいれてせし人の面《おもて》も知らず家も知らずも』と所謂ふは、此れ卽ち、入鹿臣が忽《たちま》ちに宮中で佐伯《さへき》連子麻呂《こまろ》、稚犬養《わかいぬかひ》連網田《あみた》が爲に誅《ころ》さるる兆なり」

この段は乙巳《いつし》の変《へん》についての、事件の真相を暗示する謡歌《わざうた》を紹介しています。謡歌の内容はよくわかりませんが、蘇我本家が乙巳の変で滅亡したのは、入鹿が聖徳太子の子どもの上宮家をほろぼした報いだといっています。おそらく、中大兄が蘇我本家を滅亡させたのに大義名分がなく、それで入鹿の上宮家滅亡の因果応報として中大兄が天誅を加えたといいたいのでしょう。

◆皇子でないのに皇太子

乙巳の変に続く記事が、孝徳朝の中大兄立太子記事です。これこそ、一章で見た万葉巻一の中大兄の三山歌の題詞と左注が「中大兄は皇子でない」と狙いうちする記事です。

［日本書紀］——皇極紀皇極四年（六四五）六月

（皇極は）位を輕《かる》皇子に譲る。中大兄を立てて、皇太子とす。

［日本書紀］——孝徳即位前紀皇極四年六月

是の日に、號を豊財天皇に奉りて、皇祖母尊《すめみおやみこと》と曰さしむ。中大兄を以て、皇太子とす。

ここにあるように、中大兄の立太子の記事は皇極紀最後に出てきて、続けて孝徳即位前紀にも重複して出てきます。中大兄の立太子をよほど読者に印象づけたかったようです。これに対して万葉史観が痛烈な一撃を加えているのです。

念のために、中大兄の三山歌の題詞と左注を再確認します。

題詞です。

「中大兄　近江宮御宇天皇　三山歌一首」

これは万葉集の表記に合っていません。のちの天智天皇となる中大兄に「皇子」がつきません。皇子の歌は「御歌」と表記されなければならないのに、「歌」とされます。

万葉編者は、題詞で「中大兄は皇子でない」とした上で、左注で「皇子でない中大兄が立太子している」と騒ぎたてているのです。

その左注です。

「また紀に曰く、天豊財重《あめとよたからいかし》日《ひ》足姫《たらしひめ》天皇の先の四年乙巳に、天皇を立てて皇太子となす」

ここの「また紀に曰く」の「紀」は日本書紀のことです。左注はストレートに書紀の記事を指定します。この左注の狙いは、わざわざ書紀を引用して、「皇太子にたてられた中大兄」は、万葉集で皇子表記になっていない中大兄ですよ、とことさらあげつらうことです。日本書紀は、皇子でない中大兄を皇太子にしていますよ、とあばきたてます。

万葉史観がなぜ、中大兄の立太子の記事をターゲットにしたのか。理由は明らかです。二つの立太子記事によって、それ以降の皇太子表記の人物が自動的に中大兄と誤認されるからです。

不比等は歴史を改ざんするにあたって、新しいストーリーを創作していません。大半は一部を書きかえることで、それ以降の流れを自分の都合のいい展開にもっていくという手法をとっています。ここも、古人大兄の立太子を中大兄とすりかえることで、孝徳朝から斉明朝の皇太子が自動的に中大兄に置きかわってしまうのです。

万葉集の一三―一五番歌群の題詞が中大兄に皇子をつけないことで、中大兄が倭王権の天皇の子どもでないことを強く示唆します。と同時に、日本書紀自体が、中大兄を「中大兄皇子」と表記していない事実へ読者を誘導しているのです。中大兄表記の人物の行動に十分注意しろと案内しているのです。中大兄がかかわった事件を徹底的に検証しろとうながしているといってもいいかもしれません。

それが立太子記事直後の古人大兄一族殺害事件です。検証を続けます。本来なら続けて古人大兄皇子一族滅亡の事件をとりあげるべきですが、時間の経過にそって孝徳即位前後の朝廷の動きを追います。孝徳朝に中大兄はいなかった状況証拠が続々と出てくるはずです。

3 大化に天誅くだすは蘇我蝦夷

本書の主題は、天智天皇が倭王権《やまと》（大和朝廷）の系譜になく、筑紫から畿内へ東征した権力であることを明らかにすることです。そのためには、天智になる前の中大兄が倭に存在しないことが確認されなければなりません。本当に中大兄は倭に不在で、筑紫にいたのでしょうか。

孝徳年間に中大兄が実在したとしても、この時点で中大兄は倭《やまと》にい続けることはできなかった。皇極四年（六四五）の乙巳《いつし》の変《へん》で最高権力者の蘇我本家を打倒して、そのまま倭に残ることができるほどの権力基盤をもっていたようには見えません。もし、蘇我本家を打倒した中大兄が天智天皇になったというのが事実なら、乙巳の変の直後にそのまま筑紫へ移動する、このタイミング以外ありません。天智一年（六六二）から同六年（六六七）までの称制天智朝は、筑紫王権だからです。

孝徳朝に中大兄は本当にいなかったのでしょうか。これから検証していきますが、その前に孝徳朝の台閣人事の確認です。紆余曲折のあと、中大兄の叔父にあたる軽《かる》皇子が即位して孝徳天皇となります。ここで中大兄を皇太子に立てるとともに、阿倍内麻呂《あべのうちまろ》を左大臣、蘇我倉山田石川麻呂《そがのくらやまだいしかわまろ》を右大臣、中臣鎌足《なかとみのかまたり》を内臣《うちつおみ》とします。

その記事です。

［日本書紀］——孝徳即位前紀皇極四年（六四五）六月　〈〉は書紀の注

是《こ》の日（軽皇子が即位した日）、號を豊財天皇に奉りて、皇祖母尊《すめみおやみこと》と曰さしむ。中大兄を以て、皇太子とす。阿倍内摩呂《あべのうちまろ》臣を以て左大臣とす。蘇我倉山田石川麻呂《そがのくらやまだいしかはまろ》臣を以て右大臣とす。大錦冠《だいきんくわん》を以て中臣鎌子《なかとみのかまこ》連に授けて内臣《うちつおみ》とす。封増すこと若干戸、云々。中臣鎌子連、至忠しき誠を懐く。宰臣の勢ひに據りて、官司の上に處《を》る。故、進め退け廢め置くこと、計從はれ事立つ、云々。沙門旻《みん》法師、高向《たかむく》史玄理《くろまろ》を以て國博士とす。

辛亥に、金策を以て阿倍倉梯麻呂大臣と蘇我山田石川麻呂大臣とに賜ふ。

〈或本に云ふ、練金を賜ふ〉

人事がこのとおりだとすると、組閣後の孝徳朝の動静とまったくかみあいません。その最初で、かつわかりやすいエピソードが台閣人事の直後におこなわれた盟約です。

台閣人事の記事はウソッパチです。それを決定づけるのが、孝徳朝の台閣人事に続く盟約です。人事の直後におこなわれた施策だったのですから、人事につぐ重要事項です。事実上、孝徳朝最初の命令となるものなのに、天皇の命令である「詔《みことのり》」となっていません。孝徳の最初の命令は「盟《ちかい》」です。これはどういうことでしょう。孝徳が最初に発した命令が詔ではなく、盟ということは孝徳朝では詔より盟のほうが格上だったのでしょうか。

しかも、盟は天皇が単独で出していません。孝徳と皇極と皇太子の三人が、朝廷の高官を集めて盟《ちか》わせているのです。天皇の権威はどうなっているのでしょうか。孝徳、皇極、皇太子の力関係はどうなっているのでしょうか。

問題の盟約を見ていくと、理由がわかります。

その記事です。

〔日本書紀〕——孝徳即位前紀皇極四年(六四五)六月　〈〉は書紀の注

乙卯《きのとう》に、天皇、皇祖母尊《すめみおやのみこと》、皇太子は大槻の樹の下に群臣を召し集めて、盟はしめて曰く、

〈「天神地祇に告して曰く、『天は覆ひ、地は載す。帝道唯《た》だ一なり。而《しか》るを末代澆薄らぎて君臣序を失ふ。皇天、手を我《わ》れに假りて、暴逆を誅し殄《た》てり。今共に心血を瀝づ。而して今より以後、君は二政無く、臣は朝に貳《そむくこころ》無し。若《も》し此《こ》の盟に貳《そむ》かば、天災《わざはひ》し、地妖《わざはひ》

し、鬼誅し、人伐たむ。皎《きよ》きこと日月の如《ごと》し』」〉
天豊財重日足姫《あめとよたからいかしひたらしひめ》天皇の四年を改めて大化元年とす。

孝徳天皇、皇祖母尊（皇極）、皇太子が、飛鳥寺の大槻の樹の下に群臣を集めて、宣言します。その内容です。

「天《あま》つ神《かみ》、地《くに》つ祇《かみ》に報告します。『天は覆《おほ》い、地は載《の》せる。帝道はただ一つ、これに則っておこなわれる。これから先の代に人情が薄れ、天は覆い、地は載せるという君臣の序列が乱れるなどということにでもなったなら、天は我れの手をとおして、暴虐を罰し戒める。このために、今こそともに心血を注ぐ。君主に二つの政治などなく、同様に臣下に二つの政府はない。もし、この盟に背くようなことがあったなら、天が災いをくだし、地が妖しいたたりをくだす。鬼が天誅をくだし、人が伐するだろう。きよきこと日月の如くである』」

盟約の記事は書紀としては明らかに異例な記述です。即位前とはいいながら、台閣人事のつぎに発せられた命令が「盟」となっています。しかも、命令の主体が複数です。盟約の記事全文の文字サイズがさげられていて、あとで追記したことがわかります。少々長めなのが気になりますが、長屋王らの書紀書きかえの可能性があります。内容も、不比等の歴史改ざんの修正をしています。この記事は、孝徳朝の性格を根本からくつがえします。詳細に見ます。

ここでは二つのことを盟わせています。一つは「天は覆い、地は載す」、もう一つが「君に二政なく、臣に二朝なし」です。この二つのことにそむいてはならない、といっています。

「天は覆い、地は載す」の出典は『礼記《らいき》』の「天私覆無《てんしふくな》く、地私載無《ちしたいな》し、日月私照無《じつげつしせうな》し」のようです。「君に二政なく、臣に二朝なし」も『礼記』の「天《てん》に二日《にじつ》無《な》し。土《ど》に二王《にわう》無《な》し。家《いへ》に二主《にしゅ》無《な》し。尊に二《に》上《じやう》無《な》し」と見られますが、書紀編者はもっと身近なところから引用しています。

聖徳太子の十七条憲法です。前者は三条、後者は十二条です。

〔日本書紀〕——推古紀推古十二年（六〇四）＝十七条憲法の一部

三に曰く、詔《みことのり》を承《うけたまは》りては必《かなら》ず謹《つつし》め。君《きみ》をば天《てん》とす。臣《おみ》をば地《ち》とす。天《てん》は覆《おほ》ひ、地《ち》は載《の》す。四《し》時順行《じじゅんかう》し、萬氣通《ばんきかよ》ふを得《う》。地《ち》が天《てん》を覆《おほ》はむと欲《ほっ》すれば、天則《てんすなは》ち壊《やぶ》るに致《いた》るのみ。是《こ》こを以て、君《きみ》の言《げん》をば臣承《おみうけたまは》る。上行《かみおこな》はば下靡《しもなび》く。故、詔《みことのり》を承《うけたまは》りては必《かなら》ず愼《つつし》め。謹《つつし》まずば自《おのづ》から敗《やぶ》れなむ。

「三に曰く、君の詔は謹んで承《う》けよ。君はすなわち天である。臣下は地である。天は空を覆い、地は万物を載せる。四季が順をおってめぐり、すべてのものが道理を持つ。地が天を覆《おお》おうとするなら、それは破滅へ向かうだけだ。これゆえに、君の言を臣は承るのだ。上のものが正しいことをおこなえば、下のものは従うのだ。ゆえに、君の詔は慎んで承けよ。そうでなければ、自ら敗れるだろう」

十二に曰く、國司國造、百姓《おほみたから》を斂《をさ》むることなかれ。國《くに》に二君《にくん》非《あら》ず。民《たみ》に兩主《りやうしゆ》なし。率土《そつど》の兆民《てうみん》は王《わう》を以《もつ》て主《あるじ》とす。任《にん》ぜらる官司《くわんし》は皆是《みなこ》れ王《わう》の臣《おみ》なり。何《なん》ぞ敢《あ》へて公《おほやけ》とともに百姓《おほみたから》に賦斂《ふれん》すらむ。

「十二に曰く、地方官僚は国民から税を集めてはならない。国に二人の君はない。民に二人の主はいない。国中の民は王を主としている。官職にあるものはみんな王の臣下である。公的な税でないのに、国民から搾取してはならない」

孝徳、皇極、皇太子が群臣に盟約させたことは、十七条憲法そのものだったのです。孝徳朝は聖徳太子の理念の実践を群臣に盟《ちか》わせたのです。日本書紀は孝徳朝の皇太子を中大兄としますが、孝徳と皇太子は、中大兄の父舒明天皇のライバルだった山背大兄王の父である聖徳太子の理念を、政権発足と同時に宣言したのです。

十七条憲法は聖徳太子がつくったものですが、これができたときは推古を天皇とする蘇我馬子、聖徳太子のトロイカ体制でした。当然のこと、蘇我本家の意向も反映しているはずです。その十七条憲法の精神に忠誠をつくせ、といっているのです。皇太子が中大兄なら、蘇我本家を蛇蝎《だかつ》のごとく嫌う中大兄自身が蘇我の息のかかった思想に忠誠を尽くせといったことになります。本当に皇太子は中大兄だったのでしょうか。

これをとくカギが、盟約にそむいたときに罰する主体です。

「若《も》し此《こ》の盟に弐《そむ》かば、天災《わざわい》し、地妖《わざわい》し、鬼誅《ちゅう》し、人伐《ばつ》す」

罰するのは天、地、鬼、人だというのです。十七条憲法の精神にそむいたら天、地、鬼、人が罰すというのです。罰す主体の天、地、鬼、人とは何でしょうか。天、地、人はわからないことはありません、というより当然です。しかし、鬼が人を罰すというのはどういうことでしょう。いったいこの鬼とは何でしょうか。

◆青龍、西へ馳せる

日本で鬼というと桃太郎が退治する鬼をイメージしますが、鬼は本来、冥界にすむ霊と考えられていました。死後の人間です。孝徳朝の権力の中枢に、そんな鬼と関係がある皇族がいるでしょうか。

問題の盟約に主体的にかかわったのは、孝徳天皇と、皇極、それと皇太子の三人です。書紀によれば皇太子は中大兄、万葉史観では古人大兄、あるいは大海人皇子です。この中に、盟約に出てくる鬼につながる皇族がいるでしょうか。

日本書紀には約二十の鬼が出てきます。神代紀、景行《けいこう》紀、欽明《きんめい》紀、敏達《びだつ》紀、推古紀、孝徳紀、斉明紀、天智紀です。これらの鬼で、盟約に立ち会った三人につながる鬼を探します。

鬼のすべてを抜き出します。同じ鬼は省いています。

●鬼関連記事

［神代上］黄泉《よみ》の住人である「鬼」
［神代下］葦原中国《あしはらなかつくに》の邪な「鬼」
［　同　］神に順《したが》わない「鬼神」
［景行紀］山の邪神と野の「姦鬼《かんくゐ》」
［欽明紀］化けものである「鬼魅《くゐみ》」
［敏達紀］任那の邑名の「発鬼《ほつくゐ》」
［推古紀］任那の邑名の「弗知鬼《ほちくゐ》」
［孝徳即位前紀］盟約の違反者を誅す「鬼」＝ここで問題の鬼です。
［孝徳紀］百済の役所の「鬼部《くゐほう》」
［斉明紀］百済人の「鬼室福信《くゐしつふくしん》」
［　同　］斉明が朝倉社の木を伐ったときにあらわれる「鬼火」
［　同　］斉明の喪を朝倉山から臨む「鬼」
［天智紀］百済人の「鬼室福信《くゐしつふくしん》」
［　同　］百済人の「鬼室集斯《くゐしつしふし》」

果たして、この中に天皇とかかわりのある鬼がいるでしょうか。鬼と皇室といわれても、そぐわない印象ですが、それがいるのです。斉明紀の鬼です。斉明紀に出てくる鬼がストレートに斉明天皇と関係します。斉明は皇極が重祚《ちょうそ》した天皇です。皇極、斉明天皇は同一人物です。皇極が立ち会った盟約に鬼が出てきて、皇極が重祚した斉明に鬼がつきまとう。皇極、斉明は鬼と深い関係にあったのです。斉明と鬼の関係はこのあと徹底的に確認しますが、それ以外の鬼はどうでしょうか。

神代から欽明紀までの鬼は、この世のものではありません。敏達、推古紀は地名です。孝徳紀は問題の人を誅する鬼と百済の役所名、斉明紀が百済の人名と、斉明の即位直後と斉明が亡くなったときに出てくる鬼、そして天智紀は百済人名です。

この中で孝徳朝の盟約にそむいたときに天誅をくだすのは、どの鬼でしょうか。まず、地名は論外です。あの世の鬼も特定の誓いにからんで、祟《たた》るようには見えません。百済の役所が日本の朝廷に天罰をくだすことはないとはいえませんが、当時の日本と百済の関係からして考えにくい。同様に百済人も除外していいでしょう。

やはり、斉明紀に出てくる鬼以外になさそうです。これから鬼の正体をつきとめます。

ところで、鬼の盟約がおこなわれた場所が気になります。記事には、大槻の樹の下とだけありますが、大槻の樹の下が指示するものは法興寺、つまり飛鳥寺です。飛鳥寺は蘇我馬子が建立を祈願したものです。蘇我本家ときわめて近い大寺院です。そこで十七条憲法を守るという盟いをして、この盟約にたがえたら鬼が天誅をくだすというのです。蘇我氏のにおいがぷんぷんです。

この鬼は斉明紀に三回登場します。一回目は鬼と表記されていませんが、最後に出る鬼といっしょです。書紀は鬼が何ものかについては口をつぐみます。しかし、最後までかくそうとはしていないようです。詳細に調べていくと、それがだれか、読者にわかるように案内しています。

問題の記事です。

［日本書紀］鬼1 ―― 斉明一年（六五五）五月

夏五月の庚午の朔に、空中にして龍に乗れる者あり。貌《かたち》、唐人に似たり。青き油の笠を着て、葛城《かつらき》の嶺《みね》より馳《は》せて膽駒《いこま》山に隠れぬ。午時《ごじ》に及至りて、住吉《すみのえ》の松の嶺の上より西に向《むか》ひて馳《は》せ去ぬ。

［日本書紀］鬼2 ―― 斉明七年（六六一）五月

五月の乙未の朔癸卯に、天皇、朝倉橘廣庭《あさくらたちばなひろにわ》宮に遷《うつ》り居す。是《こ》の時に、朝倉の社《やしろ》の木を斮《き》り除《はら》ひて、此の宮を作る故に、神忿《いか》りて殿を壊《こほ》つ。亦《ま》た、宮の中に鬼火見《あらは》れぬ。是《こ》れに由りて、大舎《とね》人《り》及び諸《もろ》もろの近侍、病みて死れる者衆《おほ》し。

［日本書紀］鬼3 ―― 斉明七年七―八月

秋七月の甲午の朔丁巳に、天皇、朝倉宮で崩る。

八月の甲子の朔に、皇太子、天皇の喪《も》を奉徙りて、還《かへ》りて磐瀬《いはせ》宮に至る。是《こ》の夕《ゆふ》に、朝倉《あさくら》山の上に鬼有りて、大笠を着て喪《も》の儀《ぎ》を臨《のぞ》み視《み》る。衆皆《しゅうみ》な、ひどく磋怪《あやし》ぶ。

斉明一年の記事です。龍に乗って空に浮かぶものがいます。容貌は唐の人に似て、青い油の笠を着ています。葛城山から生駒山、住江を通って西へ向かいます。この記事だけでは、龍に乗るものがだれか特定されていませんが、斉明七年の記事の「鬼」と同一であることがわかります。

斉明七年五月は、筑紫へ遠征した斉明天皇が筑紫の磐瀬宮から、内陸の朝倉宮へ遷宮します。朝倉宮をつくるときに朝倉社の木を伐採したため、神が怒って宮殿を破壊してしまいます。そのあと、宮に鬼火があらわれて、宮人の多くが病死します。鬼火があらわれる宮は、壊れた宮殿ではなさそうですが、実際はどうでしょうか。

三つ目の記事です。七年七月から八月までです。斉明が朝倉宮で亡くなります。つきそっていた皇太子が斉明の亡骸を畿内に搬送するために、最初に行宮とした磐瀬宮へ戻ります。このとき、大笠を着た鬼が朝倉山の上から斉明の喪の様子を臨み見ます。

以上が斉明紀の鬼に関する記事のすべてです。

●五行関係表

	五方	五神
木	東	青龍
火	南	朱雀
土		黄龍
金	西	白虎
水	北	黒龍

斉明一年五月の記事は鬼ではありませんが、七年七月の記事とつき合わせて鬼だとわかるようになっています。七年七月の鬼に大笠を着させたのは、二つの記事を関連づけるためです。

ここで鬼について確認します。斉明一年の記事から、鬼は相当に派手な格好をしていたことがわかります。江戸時代の歌舞伎者といったいでたちです。一度見たら忘れられません。それくらいインパクトがあります。これこそが、書紀編者の案内です。鬼の正体を読者の頭にすりこもうとしているのです。

鬼は龍に乗って空を舞っています。龍に乗った鬼は何をイメージさせるでしょうか。龍に乗った異形の者といえば、一つのイメージが浮かんできます。

斉明一年の記事には、三つのキーワード、記号が出てきます。

1「龍に乗る」

2「青き油の笠を着る」

3「西に向《むか》ひて馳《は》せ去る」

書紀編者は、この三つである人物を浮かびあがらせます。1と2で青龍を想起させます。それに3が続いて「青龍が西を目指した」というのです。西を目ざした青龍は東にいたことになります。

青龍は四神の一つで、東を指します。東の守り神です。東の守り神は、この世にあっては目に見える姿をもちます。蝦蛄《しゃこ》です。食用になる蝦《えび》みたいな節足動物です。蝦《えび》のイメージです。蝦夷《えみし》にイメージが重なります。東を守る蝦です。ここで蘇我蝦夷をイメージしたら想像がたくましすぎるでしょうか。

あばきたてる『扶桑略記』

日本書紀自身の案内では、斉明紀にあらわれる鬼は蘇我蝦夷をイメージさせます。孝徳朝の高官がおこなった盟約にそむいたら、蘇我蝦夷が天誅をくだすというのです。あまりに恣意的な解釈だとおもわれるかもしれませんが、書紀を離れれば、龍に乗った鬼が蘇我蝦夷だとする根拠はほかにもあります。『扶桑略記《ふそうりゃくき》』が、斉明紀の鬼を蘇我蝦夷だと断定しています。

『扶桑略記』は、天台宗の僧、皇円《こうえん》が選定した歴史書です。神武天皇から堀河天皇に至る千数百年を編年体で記しています。『略記』自体は私撰史書ですが、とりあげる記事は正史にのっとっています。正史にくらべると、天皇ごとの記事量は圧倒的に少ないのですが、とりあげる記事は正史にはない情報がつけ加えられています。正史には載らない歴史が遺《のこ》っていて、補完資料として使われます。

その『扶桑略記』が、斉明紀の鬼関連の記事を三本ともとりあげています。

〔扶桑略記〕鬼１——日本書紀「鬼１」対応記事

同元年（斉明一年）五月、空中にして龍に乗れる者あり。貌《かたち》、唐人に似たり。青き油の笠を着て、葛城《かつらき》の嶺《みね》より馳《は》せて膽駒《いこま》山に隠れぬ。午時《ごじ》に至り及びて、住吉《すみのえ》の松の上より西に向かひて馳《は》せ去りぬ。時《とき》の人《ひと》の言うに、蘇《そ》我《が》豊浦《とゆら》大臣の靈なり。

〔扶桑略記〕鬼２——日本書紀「鬼２」対応記事

斉明七年辛酉夏、群臣卒《にはか》に多《おほ》く死す。時の人の言ふに、豊浦大臣の靈魂の爲す所なり。五月、天皇、筑紫の朝倉橘廣庭《あさくらたちばなひろにわ》宮に遷《うつ》り居します。此の時に、朝倉の社《やしろ》の木《き》を斮り除《はら》ひて宮を作る。之れに由り、神忿《いか》りて殿を壞《こほ》つ。亦《ま》た、鬼火見《あはら》れぬ。時に、大舎人《とねり》幷び諸《もろ》もろの近侍、病みて死する者衆《おほ》し。

〔扶桑略記〕鬼３——日本書紀「鬼３」対応記事

（斉明七年）七月廿四日、天皇、崩る。山陵朝倉山。

〈八月、葬喪《さうも》の夕、朝倉山上に鬼有り。大笠を着て喪《も》の儀《ぎ》を臨《のぞ》み視《み》る。人皆《みな》、之《こ》れを見る。陵高三丈《りようかうさんぢやう》、方《はう》五町《ごちやう》〉

大和国高市郡越智《をち》大握間山陵に改葬す。〈十一月之《こ》れを改む。〉

鬼の存在については、日本書紀と『扶桑略紀』とも同じです。ただ、『略記』には書紀にない蘇我豊浦大臣が出てきます。くわしく見ます。

斉明一年の記事です。すでに見たように、葛城山のあたりに龍に乗った青き油の笠を着る異形のものが出てきます。書紀ではだれなのか特定していませんが、書紀の記事に対応する『略記』の記事が時の人に「蘇我豊浦大臣の霊」といわせます。

書紀の鬼1記事には「龍に乗った青き油の笠を着る異形のもの」としかなく、これだけでは蘇我豊浦大臣と鬼がストレートにつながりません。そこで、斉明七年七月の鬼3の記事に「朝倉《あさくら》山上に鬼有り、大笠を着て喪《も》の儀《ぎ》を臨《のぞ》み視《み》る」を挿入したのです。鬼の1と3の記事をつき合わせることで、「青き笠を着た」人物が鬼と同一だということが納得できます。

これでも、ひょっとすると「鬼が蘇我豊浦大臣の霊だとは書いてない」と主張する読者がいるかもしれません。たしかに、鬼3の記事には鬼が豊浦大臣だとの記述がありません。そこでダメ押しをするのが斉明七年夏の鬼2の記事です。豊浦大臣の霊が多くの群臣を死なせて、直後に鬼火が出てきます。ここまで書けば、斉明紀の鬼が豊浦大臣だと了解するでしょう。『扶桑略記』は、よほど鬼と豊浦大臣の関係をアピールしたかったようです。

以上見たように、日本書紀は鬼の正体を遠慮気味にふせていますが、『扶桑略記』は明快に「鬼は蘇我豊浦大臣」と断言します。

ところで、『扶桑略記』は「蘇我豊浦大臣」としかなく、蘇我蝦夷とは明記していません。しかし、書紀も蘇我蝦夷を「蘇我豊浦蝦夷臣」（推古紀推古十八年）、「豊浦大臣」（舒明紀舒明八年ほか）と記述しているので、『略記』の豊浦大臣を蘇我蝦夷ととってかまいません。

斉明紀に唐突に龍に乗った異形の者があらわれて、それにつながる鬼が斉明の最期に出てきます。書紀編者がこの鬼に、強いメッセージを託していないとは考えにくい。ここは蘇我蝦夷の霊が畿内倭《やまと》から筑紫へ向かったととってまちがいないようです。

皇極が立ち会った盟約に出てくる鬼と、斉明にまとわりつく鬼の関係はどうでしょうか。皇極と斉明は同一人物です。それぞれに不自然な鬼が登場します。これをまったく関係ないとするわけにはいきません。書紀の編者はそれほどノンキでありません。編集的な作為のない記事を探すほうが大変なくらいです。

孝徳天皇、皇極皇太后、皇太子が盟約した中に出てくる鬼は、「天は覆い、地は載す」、「君に二政なく、臣に二朝なし」に違反したときに天誅をくだすというのです。この意味は、君主はつねにトップに立って臣下はそれを支える。国には二つの権力はなく臣下には二人の主君はいない。要するに、二王権並立はありえない、認めないと釘をさしているのです。

皇極が立ち会った盟約に鬼が出てきて、皇極と同一人物である斉明朝に同様に鬼が出てきます。ということは、斉明朝になると同時に、広義の倭《やまと》朝廷（大和朝廷）に二つの権力が存在したということです。

斉明朝には対立する権力が存在したのです。斉明朝は畿内倭にあったわけですから、もう一つの権力は筑紫ということになります。斉明朝にはいるや、筑紫王権が倭王権に公然と反旗をひるがえしたのです。

正統性のないのが筑紫王権であるのはいうまでもありません。正統なる斉明王権に対抗して筑紫に王権をひらいた権力に対して天誅をくだすために、蘇我蝦夷の霊はわざわざ倭から西の筑紫へと移動したのです。

百済救援のために筑紫遠征した斉明天皇が亡くなったときに、鬼があらわれるのです。鬼は斉明を見守るために、筑紫に来ていたのです。鬼がウォッチしていたのは、斉明と敵対する筑紫、中大兄の筑紫王権だったのです。あってはならない二つの王権が出現して、正統性のないとおもわれる筑紫王権を、孝徳朝の盟約に出てきた鬼がウォッチする。ウォッチするのは「君に二政なく、臣に二朝なし」にそむいたことへの天誅のため以外に考えられません。

万葉史観からすれば、鬼が豊浦大臣、蘇我蝦夷なら、鬼が斉明に同情こそすれ、危害を加えるということはありえないでしょう。

孝徳朝の誕生は、中大兄と中臣鎌足が蘇我本家の蝦夷、入鹿殺害によってもたらされたとされます。この中大兄に殺害された蘇我蝦夷は、あろうことか、書紀が中大兄とする皇太子と孝徳、皇極が宣言した盟約に出てきて、「君に二政なく、臣に二朝なし」にそむいた謀反者に天誅をくだすというのです。この盟約は斉明朝になって実行されました。蘇我蝦夷が鬼となって、天誅をくだしに出かけたのです。鬼となった蝦夷は斉明朝の守護者として筑紫へ向かったのです。

もしこれが正しければ、槻の樹下の盟約は、蝦夷に対しての誓いということになります。孝徳朝の盟約にたがえたら、蘇我蝦夷が誅《ちゅう》するというのです。こんな盟約を、蘇我本家を滅亡させた中大兄がするわけがありません。孝徳紀の滑りだしは蘇我色にまみれています。中大兄のにおいは皆無です。孝徳朝には中大兄の居場所はなかったのです。それを、孝徳朝の皇太子を中大兄であるがごとく描く。とてもではないが、孝徳即位前紀の従来の理解は、書紀の記事自体とも整合しません。これを白日の下にさらけだす、これこそ「中大兄立太子」記事を狙いうちする万葉集の三山歌群（巻一の一三―一五番歌）の目的です。

4 蘇我本家を称揚する孝徳朝

これまでの書紀の理解では、読者が孝徳朝の皇太子を中大兄と信じこんでいるために、見えるものが見えなくなっています。孝徳朝の政治のバックボーンは意外にも、推古朝と皇極朝のシステムです。推古朝では聖徳太子と蘇我馬子が、皇極朝では蘇我蝦夷が手がけたり、推進した制度が孝徳朝でとりいれられています。

ここでは大化一年（六四五）の聖徳太子的なるもの、蘇我本家的なるものに焦点をあてます。日本書紀にとって、七世紀というのは、そんなに遠い時代ではありません。編集に使う資料は豊富だったはずです。そうした時代の孝徳天皇なのに、書紀に登場する孝徳はゆがんだキャラクターに描かれています。とても実在しそうにないユニークな存在なのです。

書紀によれば、孝徳と中大兄はとても近い関係ということになります。血縁的には叔父と甥です。立場的には天皇と皇太子です。中大兄が蘇我本家を滅亡させたことで孝徳朝が誕生したのです。政治信条も近いかのような印象を与えます。孝徳朝にはいって実施される大化の改新が、中大兄と中臣鎌足が成功させた乙巳の変によってもたらされたとされるからです。しかし、事実はちがいます。

先入観をとりはらって、日本書紀を見ていきます。1節で見た台閣人事、2、3節の盟約に続いて孝徳が左右大臣の阿倍倉梯麻呂と蘇我石川麻呂とに発した詔がダメ押しをします。これこそが、孝徳が即位して最初に出した詔です。まさに孝徳の所信表明ですが、案の定、内臣の中臣鎌足ははいっていません。

［日本書紀］——孝徳紀大化一年（六四五）七月

戊寅に、天皇、阿倍倉梯万侶大臣《あべのくらはしまろ》、蘇我石川万侶大臣《そがのいしかはまろ》に詔して曰く、

「當《まさ》に上古の聖王の跡に遵《したが》ひて、天下を治むべし。復《ま》た當に信を有《たも》ちて、天下を治むべし」。

この詔はどんな意味があるのでしょうか。
上古の聖王は聖徳太子と考えられます。書紀がこの時期、畿内倭《やまと》の皇族を「聖王」「聖皇」とするのは聖徳太子以外にありません。
さらにつぎのフレーズ「信を有《たも》ちて天下を治むべし」、この出典は『論語』の十三章「信、義にちかければ、言復《ふ》む可きなり」のようですが、これまた十七条憲法の九条そのものです。孝徳は聖徳太子のつくった十七条憲法がよほど気にいっていたようです。

〔日本書紀〕――推古紀推古十二年（六〇四）四月＝十七条憲法第九条

九に曰く、信《しん》は是《こ》れ義《ぎ》の本《もと》なり。事毎《ことごと》に信有《しんあ》るべし。其《そ》れ善悪成敗《ぜんあくせいばい》、要《かなら》ず信《しん》に在《あ》り。群臣《まへつきみたち》、信《しん》を共《とも》にせば何事《なにごと》か成《な》らざらむ。群臣、信尤《しんな》くば万事《ばんじ》悉《ことごと》く敗《やぶ》れむ。

「九に曰く、信は義の大本なり。何事も信あってのことなり。ことが善なのか悪なのか、成るのか成らないのか、それは信にかかっている。群臣すべてが信とともにあれば、成就しないことはない。群臣に信なければ、万事ことごとく失敗するだろう」

孝徳が即位して、朝廷の高官向けの詔で示した指針が、十七条憲法の「聖徳太子の跡を継いで、聖徳太子のつくった十七条憲法の第九条にもとづいて、天下をおさめよ」というのです。ここには大化の改新の推進者と目される中大兄、中臣鎌足の思想的影響は微塵も感じられません。

書紀のとおりだとすると、推古朝で蘇我系王権は断絶、以降は舒明、皇極と、宣化《せんか》―敏達《びだつ》―舒明《じょめい》系の天皇が続いて、皇極朝で蘇我本家を倒して孝徳朝へと継承されたことになります。蘇我本家は滅亡しているので、孝徳の政治的なバックボーンは当然、反蘇我の宣化―敏達―舒明系のはずです。

しかし、これを見るかぎり、孝徳天皇は聖徳太子の理念の忠実な継承者です。

降ってわいたように政治の檜舞台に登場する孝徳天皇は、中大兄が蝦夷、入鹿の蘇我本家を倒したおかげで天皇になります。それまでの名前を軽《かる》皇子といい、舒明天皇の異母兄弟の茅渟《ちぬ》王を父に、欽明天皇の孫の吉備姫王を母に生まれました。姉は皇極天皇です。伯父の舒明は山背大兄と天皇位を争った田村皇子です。

日本書紀の記述をそのまま信じれば、孝徳は、舒明の皇后でのちに皇極（斉明）天皇となる宝皇女の同母の弟ということになります。宣化―敏達―舒明系です。ただ、皇極、孝徳の母の吉備姫王は蘇我氏の血が流れています。

◆詔から消えた用明、崇峻朝

その孝徳が即位するや、七月に左右大臣に詔を出したのを皮切りに詔を連発します。この詔が曲者です。左右の大臣に対してもそうですが、その趣旨は親聖徳太子、親蘇我本家です。中大兄にケンカをうっているのではないか、と心配になるほどです。その最たるものが、大化一年八月に出された詔の一つです。飛鳥寺とおもわれる大寺の僧尼を集めて発した内容が気になります。

日本書紀で確認します。

［日本書紀］――孝徳紀大化一年（六四五）八月

癸卯の日に、使《つかひ》を大寺（飛鳥寺）に遣して僧尼を喚《め》し聚《あつ》めて詔《みことのり》して曰く、

「磯城嶋《しきしま》宮に御宇《あめのしたしらしめ》す天皇（欽明《きんめい》）の十三年の中に、百済《くだら》の明王《めいわう》、佛法を我《わ》が大倭に傳へ奉る。是の時に、群臣倶《とも》に傳へまく欲せず。而《しか》るを蘇我稲目《そがのいなめ》宿禰、獨《ひと》り其の法を信けたり。天皇乃《すなは》ち稲目宿禰に詔して其の法を奉めしむ。譯語田《をさた》宮に御宇《あめのしたしらしめ》す天皇（敏達《びだつ》）の世に、蘇我馬子《うまこ》宿禰、追ひて考父（故稲目）の風を遵《たふと》びて、猶《な》ほ能仁《のうにん》の教《をしへ》を重む。而して餘の臣は信ぜず。此の典《のり》、幾《ほとん》ど亡《ほろ》びなむとす。天皇、馬子宿禰に詔して其の法を奉めしむ。小墾田《をはりた》宮に御宇《あめのしたしらしめ》す天皇（推古《すいこ》）の世に、馬子宿禰、天皇の爲に丈六《ぢやうろく》の繡像《しうざう》と丈六の銅像を造り奉る。佛の教を顯揚《けんやう》し、僧尼を恭敬《きようけい》す。朕《あ》れ更《さら》に復《ま》た、正《ただ》しき教を崇《あが》め大《おほ》きなる猷《まこと》を光《てら》し啓《ひら》かしむことを思ふ」

内容はつぎのとおりです。

「欽明天皇の十三年のこと、百済の聖明王が仏教をわが国に伝えた。このとき、蘇我稲目は一人、その教えを信じた。天皇は稲目に仏教を信仰するように詔した。敏達天皇の世になって、蘇我馬子が父親（稲目）に従って仏の教えをあがめた。しかし、ほかの有力者たちは信ぜず、仏教は滅びかけるまでになった。天皇は、馬子に仏教をあがめるよう詔した。推古天皇の世に、馬子は天皇のために、仏像二体をつくった。仏教を顕揚し、僧や尼をつつしみうやまった。云々」

仏教関係者を対象としているだけに、詔は仏教についてふれています。欽明から推古までの仏教の歩みをとおして、蘇我稲目と馬子の功績をかたっています。一見して当たり前のことをいっているようですが、同時に奇妙な印象も受けます。

一つは、欽明、敏達朝ときて用明、崇峻朝が無視されて推古朝へととぶことです。もう一つ、推古朝で仏教といえば、最大の功労者は聖徳太子ですが、太子には一言もふれずに、孝徳天皇は蘇我本家だけを称揚しているのです。

くり返しますが、書紀は孝徳を敏達、舒明、天智に近いように描いています。しかも孝徳一年の六月には、蘇我本家は朝廷の敵として中大兄に滅亡させられています。蘇我本家に気を使う必要などまったくないのに、孝徳はとうとうと蘇我稲目、馬子を称揚しています。推古朝の仏教を評価するなら、聖徳太子をたたえて当然です。それなら中大兄も納得するでしょう。それを中大兄が目の敵にした蘇我本家をほめちぎる。まっとうな神経の持ち主ともおもえません。

孝徳のこの詔は、さらに用明朝、崇峻朝の実在性を疑わせます。聖徳太子が出てこないだけでなく、用明、崇峻朝が出てこないからです。欽明朝から孝徳朝まで、29代欽明、30代敏達、31代用明、32代崇峻、33代推古、34代舒明、35代皇極、36代孝徳朝と続くのですが、用明、崇峻、舒明、皇極が登場しません。舒明、皇極朝は時期的に近い上に仏教的に大きな動きがなかったかもしれませんが、用明、崇峻朝は馬子が法興寺である飛鳥寺の建設に着手したことになっています。飛鳥寺は当時の巨大寺院で、仏像をつくるのとは桁がちがいます。その飛鳥寺建立にかかわる二つの王朝が無視されているのです。

その記事ですが、仏教の導入をめぐって、蘇我馬子と物部守屋《もののべのもりや》が天下分け目の決戦をします。そのまっ最中に、つぎの記事が唐突に出てきます。馬子の妻は守屋の妹で、妹の陰謀で大連を死に追いやったという「時の人」の評判を紹介します。守屋を殺害すると、馬子は守屋の従属民と邸宅の半分を迹見《とみ》首赤《い》檮《ちい》にたまわって、法興寺をつくります。この記事の段階では、守屋はまだ亡くなっていません。

［日本書紀］——崇峻即位前紀用明二年（五八七）七月

時の人の相ひ謂りて曰く、

「蘇我大臣の妻は、是れ物部守屋大連の妹なり。大臣、妄りに妻の計を用ゐて、大連を殺せり」

亂を平げて後、攝津國に四天王寺を造る。大連の奴の半ばと宅とを分けて、大寺の奴と田荘とす。田一萬頃を以て、迹見《とみ》首赤檮《いちひ》に賜ふ。

蘇我大臣、亦た本願に依りて飛鳥の地に法興寺を起つ。

孝徳天皇の詔を追っていくと、用明、崇峻、舒明、皇極朝は出てきません。この事実がいいたいのは、用明、崇峻、推古朝は蘇我馬子、舒明、皇極朝は蘇我蝦夷が最高権力者の可能性があるということのようです。これを蘇我王朝というと拒否反応が大きそうですが、孝徳朝が蘇我色を色こく反映しているのはまちがいありません。

書紀の記事が正しいとしたら、孝徳という天皇は相当に変人といわなければならない。蘇我本家と中大兄の対立に関しては、書紀は本当のことをいっていません。

さらに孝徳天皇の政治スタンスですが、孝徳朝は推古、皇極朝の政治システムをそのままとりいれています。推古朝のシステムは馬子と聖徳太子が手がけたものです。皇極朝のシステムは蘇我蝦夷のものです。

その象徴が「紫冠」です。

孝徳朝は冠位を制定しています。冠位は推古朝に聖徳太子と蘇我馬子がつくり、制定したことになっています。日本書紀のストーリーではそうなっています。それなのに、孝徳朝は蘇我本家が実権を握っていた推古朝の官僚支配システムを採用しているのです。もっとも重要な人事制度を踏襲しているということは、以前の権力の後継者であることを表明しているのと同じです。

孝徳朝は冠位を制定しただけでなく、内容も蘇我本家のやり方を忠実になぞっています。皇極二年、蘇我蝦夷が病気を理由に登庁しなかったときの話です。書紀はその際、蝦夷が紫冠を入鹿に授けて大臣の位になぞらえ、入鹿の弟は物部大臣と称したと記します。

ここで登場する「紫冠」です。

[日本書紀] ――皇極紀皇極二年(六四三)十月

壬子の日に、蘇我大臣蝦夷、病に縁《よ》りて朝《つかへ》まつらず。私《ひそか》に紫冠を子の入鹿に授けて、大臣の位に擬《なずら》ふ。復《ま》た其の弟を呼びて、物部大臣と曰ふ。

皇極二年に蝦夷が私的に入鹿に与えた紫冠が、孝徳紀に二か所出てきます。蘇我本家を滅亡させることで成立した孝徳朝が、敵である蘇我本家の私的な冠位を引き継いでいるのです。

一つは、大化三年(六四七)に孝徳天皇がつくった十三階の冠位の中です。この十三階の冠はつぎのようにランクづけされています。

[日本書紀] ――孝徳紀大化三年(六四七)是の歳(冠位制定)

是の歳、七色の十三階の冠を制《つく》る。

一に曰く、織冠《しょくくわん》。大小二階有り。織《しょく》を以て爲《つく》れり。繡《しう》を以て冠の縁に裁《たちい》れたり。服の色は並びに深紫を用ゐる。二に曰く、繡冠《しうくわん》。大小二階有り。繡《しう》を以て爲《つく》れり。其の冠の縁、服の色は、並びに織冠に同じ。三に曰く、紫冠《しくわん》。大小二階有り。紫を以て爲《つく》れり。織を以て冠の縁に裁れたり。服の色は淺紫を用ゐる。…略…

内容はつぎのとおりです。

「最上位は織冠です、大小二階がある。繡を冠の縁につけた。服の色はともに深紫を用いる。次が繡冠。大小二階あり、繡でつくった。冠の縁と服の色は織冠に同じとする。」

その次が問題の紫冠です。

「大小二階あり。紫を用い、この色の織で冠の縁とする。服の色は浅紫を用いる。…以下略…」

ここで織冠、繡冠につぐ三番目にランクされているのが紫冠です。この紫冠は、蝦夷が入鹿を私的に大臣になぞらえたときに与えたものです。

二度目は、白雉五年（六五四）に孝徳が中臣鎌足に授けた紫冠です。

［日本書紀］――孝徳紀白雉五年（六五四）一月

壬子に、紫冠を以て中臣鎌足連に授く。

このときの鎌足は大臣待遇とでもいうべき内臣《うちつおみ》です。この記事は孝徳朝と筑紫王権の関係を見る上で大きな意味をもっています。書紀は、「中臣鎌足」という表記をここの一度しか使っていません。それまでは中臣鎌子、それ以降は藤原内大臣としています。書紀の名前の表記は、裏に秘めた事情がありそうです。

孝徳朝を誕生させた中大兄の天敵が、私的に採用した冠位を孝徳朝が採用する、しかもそれを中大兄と一体の中臣鎌足に与える、悪い冗談としかとれません。これをどう理解したらいいのか。

大化年間の冠位の改定は相当に混乱があったようです。冠位の混乱については別の機会にふれますが、紫冠をとりいれた冠位の改定について孝徳朝の左右の大臣が反対しています。天皇にもっとも近い大臣が反対した冠位の中に紫冠がとりいれられ、さらに孝徳自身が中臣鎌足に授ける。ふつうに考えて、受けいれがたい記事です。

5 捏造された古人大兄一族殺害

いよいよ中大兄不在の証明の総仕上げです。それが中大兄がやったとされる、異母兄の古人大兄皇子《ふるひとおおえ》一族の滅亡です。皇極朝で皇太子だったとみられる古人大兄の殺害は、古人のバックである蘇我本家が乙巳《いっし》の変《へん》で滅亡したことが直接のきっかけになっています。古人大兄殺害の流れとしてはごく自然ですが、古人大兄の殺害を描く日本書紀の記事はとても信じられません。本来なら書紀は、立太子した皇子はその時点ですべて皇太子表記にならなければなりません。ところが、すでにふれたように、中大兄だけは立太子後も通称名の中大兄表記で出てきます。それが古人大兄一族殺害にからむ記事です。これからじっくり確認します。

書紀の記述ルールでは、基本的に立太子のあとはすべて「皇太子」、あるいは名前に「太子」の肩書きがつきます。しかし、中大兄だけは、立太子の記事のあとに肩書きなしで通称名が出る。中大兄についていえば、それは「皇太子でない」という編集的な強い意思表示です。中大兄の古人大兄一族殺害は、表記ルールを曲げてまで立太子後の表記を中大兄としています。これ一つとっても、古人大兄殺害の記事はそのまま受けいれられません。

中大兄の事業とされる二つの大事件のうち乙巳《いっし》の変《へん》は実際にあったのですが、中大兄による古人大兄一族殺害はまったくのフィクションです。

それを確認するために、中大兄にいくべき即位をイレギュラーにもちかけられた古人大兄の吉野入りと、その後日譚を日本書紀で振り返ります。

つぎの記事は、とても信じられない中大兄の即位し損ねの場面です。唯一、中大兄が即位しない事情を説明する皇極《こうぎょく》紀の記事です。乙巳の変で蘇我蝦夷《えみし》、入鹿《いるか》が殺害されたあとの皇極四年（六四五）、皇極天皇は中大兄に皇位をゆずろうとします。しかし、中大兄の知恵袋の中臣鎌足が皇極の弟の軽《かる》皇子にゆずるべきだと助言します。

［日本書紀］――孝徳即位前紀皇極四年（六四五）六月＝古人大兄皇子の吉野入り

六月の庚戌に、天豊財重日足姫《あめとよたからいかしひたらしひめ》天皇、位を中大兄《なかのおほえ》に傳へたまはむと思ひ欲して、詔《みことのり》して曰く、

「云々《うんぬん》」

中大兄、退でて中臣鎌子《なかとみのかまこ》連に語りたまふ。中臣鎌子連、議《はか》りて曰く、

「古人大兄《ふるひとおほえ》は殿下の兄なり。輕《かる》皇子は殿下の舅《をぢ》なり。方《まさ》に今、古人大兄在《ま》します。而《しか》るに殿下、天皇位に陟《のぼ》らば、便《すなは》ち人の弟として恭《つつし》みて遜《ゆづ》る心に違はむ。且《しばら》く、舅を立てて、民の望に答はば、亦た可ならずや」

是《こ》こに、中大兄、深く厥《そ》の議《はかりごと》を嘉《よみ》したまひて、密《ひそか》に以て奏聞す。天豊財重日足姫天皇、璽綬《じじゅ》を授けたまひて、位を禅《ゆづ》りたまふ。策《はか》りて曰く、

「咨《ああ》、爾《なんぢ》輕皇子云々」

輕皇子、再三固辭して、轉《うたた》古人大兄〈更の名は、古人大市皇子〉に讓《ゆづ》りて曰く、

「大兄命は是れ昔の天皇の所生なり。而して又《ま》た年長なり。斯の二つの理を以て天位に居すべし」

是こに、古人大兄、座を避けて逡巡《しゅんじゅん》して、手を拱《こまぬ》きて辭して曰く、

「天皇の聖旨を奉《うけたまは》り順《したが》はむ。何《いづくん》ぞ勞《いたは》り推《お》して臣に讓らむ。臣《われ》、出家して吉野に入ることを願ふ。佛道を勤《つと》め修めて、天皇を祐け奉らむ」

辭し訖《を》はりて、佩《は》きたる刀を解きて、地に投擲《とうてき》す。亦《ま》た、帳内《とねり》に命じて皆刀を解かしむ。即《すなは》ち、自ら法興寺《ほうこうじ》の佛殿と塔との間に詣でまして、髯髪《ひげかみ》を剔《そ》除りて袈裟を披着《き》つ。是《こ》れに由りて、輕皇子、固辭すること得ずして壇《だん》に升《のぼ》りて祚《くらゐ》に即《つ》く。

訓《よ》み下しにあるとおり、皇極の譲位の理由は「云々」とあるだけです。理由「云々」とあるのは原文どおりです。皇位をゆずるほどの大事の理由を説明しない、何とも妙なことです。それでも中大兄は中臣鎌足のアドバイスに従って、軽皇子に皇位をつがせるように皇極に提案します。これを受け、皇極はその旨、軽皇子に伝えます。軽皇子はこれを固辞します。

「大兄命（古人大兄）は昔の天皇（舒明）の所生です。しかも年長です。この二つの理由で皇位を継ぐべきです」

軽皇子の言葉の裏には、軽皇子、中大兄、古人大兄の三人の中で、もっとも皇位を継ぐにふさわしいのは古人大兄なのだ、とのおもいがあります。中臣鎌足も同様に考えていたわけで、それでも皇位を軽皇子へもっていったのは、古人に渡したくないからです。

古人大兄はこれを百も承知です。その場で断ります。古人とお供は刀をはずして、法興寺へしりぞき、そこで古人は髭と髪を剃って、袈裟をきたのです。この時点では、古人大兄の後ろ盾だった蘇我本家がほろんでいたので、もし古人大兄が皇位継承の申し出を受けたら亡きものにされたはずです。

結局、軽皇子が皇極のあとを継いで孝徳天皇となります。

この記事の終わり、古人大兄皇子が天皇になるのを辞退して吉野へはいる件です。この古人大兄の行動とそっくり同じことをする人物がいます。のちに天武《てんむ》天皇となる大海人《おおあま》皇子です。

大海人が、重病になった天智天皇から皇位をゆずる話をもちかけられたときのことです。大海人が即位を断ったあとの情況や行動は、古人のケースとまったくいっしょです。同じ記事の焼き直しといっていいほどそっくりです。このあととりあげます。

それにしても、中大兄みずから天皇家の敵である蘇我本家を倒しながら、天皇になれない。そんなことがあるのか。くり返しますが、皇極の譲位の理由は「位を中大兄に伝えむと思い欲して詔して曰く、云云」だったのです。日本書紀は、皇極天皇が中大兄に皇位をゆずろうとした理由について「云々」としかしるしません。あえて理由をかくしているというより、話自体が創作なので、合理的なストーリーをおもいつかなかったのでしょう。

皇極が譲位を決心した理由は乙巳《いっし》の変《へん》以外考えられません。乙巳の変で朝敵である蘇我本家が滅亡して、それに連動するかのように王権が幕をとじる。それなら、乙巳の変によって王権が倒されたのと同じことです。皇極朝は乙巳の変、つまりは中大兄と中臣鎌足に倒されたということではないのか。早い話、皇極朝と蘇我本家とは一体だったのです。実体的には蘇我蝦夷が王だったのです。

だいたいにして、皇極天皇が自発的に譲位したなんて、とても信じられません。みずからの意思で譲位して権力を放棄したにもかかわらず、十年後にふたたび即位して権力を手にしているのです。書紀が描く皇極と中大兄の親子関係が事実なら、中大兄はとっくに即位しているはずです。

話を戻します。古人大兄は蘇我本家が倒されたあと、孝徳《こうとく》天皇となる軽《かる》皇子から即位をすすめられて、それを断って出家して吉野へこもります。書紀はこのあとの古人大兄の動向をしるします。

[日本書紀]――孝徳紀大化一年(六四五)九月 (〈〉は書紀の注)

戊辰(三日)に、古人《ふるひと》皇子、蘇我田口《そがのたぐち》臣川堀《かはほり》、物部朴井《もののべのえのゐ》連椎子《しいのみ》、吉備笠《きびのかさ》臣垂《しだる》、倭漢文《やまとのあやふみ》直麻呂《まろ》、朴市秦《えちのはた》造田來津《たくつ》と謀反《みかどかたぶけむとはか》る。

〈或本に云く、古人《ふるひと》太子〉

〈或本に云く、古人《ふるひと》大兄。此《こ》の皇子、吉野《よしの》山に入る。故、或《あ》るいは云ふ、吉野《よしの》太子〉

〈垂、此《こ》れ云ふ、之娜屡《しだる》〉

丁丑(十二日)に、吉備笠臣垂、中大兄に自首して曰く、「吉野の古人皇子、蘇我田口臣川堀等と謀反せむとす。臣《おみ》（われ）、其の徒《ともがら》に預《くは》はれり」。

〈或本に云く、吉備笠臣垂、阿倍大臣と蘇我大臣とに言ひて曰く、「臣《おみ》（われ）、吉野《よしの》皇子の謀反の徒《ともがら》に預《くは》はれり。故に今、自首す〉

中大兄、即《すなは》ち菟田朴室古《うたのえむろふる》、高麗宮知《こまのみやしり》をして、兵若干を将て古人大市皇子《ふるひとおほち》等を討たしむ。

〈或本に云く、十一月の甲午《きのえうま》の卅日、中大兄、阿倍渠曾倍臣《あべのこそへ》、佐伯部子麻呂《さへきべのこまろ》の二人をして、兵卌人を将て古人大兄を攻めて、古人大兄と子を斬《き》らしむ。其の妃妾、自經《わな》きて死《みう》す〉

〈或本に云く、十一月、吉野《よしの》大兄王、謀反けむとす。事覺《ことあらは》れて、誅《ころ》さるに伏《ふく》す〉

ここには、吉野にこもった古人が、突然、謀反をくわだてたことが描かれています。大化一年（六四五）九月、古人は友好関係にある連中と謀反をくわだて、その中の一人、吉備笠垂《きびのかさのしだる》という人物が中大兄に自首します。

「古人皇子は謀反をくわだてています。わたしもその仲間です」

中大兄はこれ幸いにと、古人大兄を討伐させます。書紀の本文は「討たせた」としかありません。そのあとどうなったかはわかりませんが、ただ確実にいえることは、書紀の本文に「殺した」とも「自殺した」とも記述されていないことです。

しかし、書紀は本文に続けて別の資料「或本」を引用して、古人を死なせます。

「十一月三十日、中大兄は阿倍渠曾倍臣《あべのこそへ》、佐伯倍子麻呂《さえきべのこまろ》の二人に命じて四十人の兵で古人大兄を襲撃し、古人大兄とその子どもを殺害させた。その妃たちは自殺した。また或本では、十一月に、吉野大兄王は謀反をはかって殺害された」

本文だけを見ると、古人が謀反をくわだててから密告され、討たれるまではすべて九月中のことになっています。ところが二つの「或本」は、古人が殺されたのはいずれも十一月の事件としています。しかも、二番目の或本の殺された人物の名前は「吉野大兄王」となっています。

九月と十一月のちがい、古人と吉野のちがい、本文と或本の事件はまったく別ものとおもえるのですが、これが同じものだとおもわせる伏線があります。古人が謀反をくわだてる本文に続く「或本」引用の注です。

「(古人皇子は) 或本では古人太子という。或本では古人大兄という。吉野山にはいったので吉野太子ともいう」

この吉野太子がなければ、吉野大兄王を古人大兄とおもう読者はいません。このまわりくどい書紀の書き方は、何を意味しているのでしょう。書紀の編者もさすがに良心がとがめたようです。それで、或本を使って、うわさ話程度の信ぴょう性で古人大兄を死なせたのです。古人大兄一族滅亡の記事は書紀のフィクションです。

◆『続紀』が否定する古人大兄謀反事件

吉野太子が古人大兄皇子でないことを裏づける記事があります。『続日本紀』です。天平宝字《てんぴょうほうじ》一年（七五七）十二月に、乙巳《いっし》の年（六四五）以降の功績をたたえて封地《ほうち》を与える勅が出ます。これにもとづいて歴代の勲功者に功田《こうでん》が与えられます。その功績によって、大功、上功、中功、下功に分かれます。この区別は功田の広さとは関係なく、子孫への相続期間に影響します。大功は永久に子孫が相続できます。上功は三代、中功が二代、下功は一代にかぎられます。

この勅が出たのが西暦で七五七年、乙巳の年が六四五年ということで、多くの対象者が亡くなっています。それで受ける子孫の代数が重要になるのです。

その中に、古人大兄皇子をざん言によって死に追いやったとされる笠臣志太留《かさしだる》（垂）が出てきます。その記事です。

［続日本紀］――巻二十天平宝字一年（七五七）十二月

大錦下笠臣志太留《かさしだる》、吉野大兄の密を告ぐ功田《くうでん》廿町、告げたる微言は、尋ぬるに露験に非ず。大事と云ふと雖も、理るに輕重すべし。令に依り中功なり。二世に傳ふべし。

功田が与えられる対象が乙巳の年以降なので、笠志太留《かさのしだる》はその最初の年の功績が認められたわけです。吉野大兄の内密の謀を密告したことが評価されました。日本書紀によれば、吉野大兄の内密の謀《はかりごと》は朝廷の転覆、謀反です。謀反は大罪です。これを密告して、それが中功として二十町が与えられています。いささか軽い評価の印象です。事実、『続日本紀』の編者は端から評価していません。

笠志太留が密告した「微言」が中功程度の理由です。

「事件を未然に防いだとはいっても、みずから捜査して事件の端緒を見つけ出したのではない。密謀をしらせたので中功を与える」

ここでいう微言の意味は、内緒話みたいな謀議といったところです。『続日本紀』の編者は志太留のやったことが、犯罪の密告だということを資料から了解したのです。資料は日本書紀も用いたでしょうが、それ以外の資料もあったはずです。なぜなら、日本書紀が明確に、「古人大兄が謀反する」と記述しているにもかかわらず、『続紀』は「吉野大兄の密を告ぐ」となっているからです。謀反と密、とても同じ重さの犯罪ではありません。書紀と『続紀』が用いた資料が同じだったらここまでちがう記述にはなったりしないでしょう。

さらに、これを事前に防いだ志太留の功績を中功としていることからも、別資料がもとになっていたことがうかがえます。功績の評価を具体的に見ます。

古人大兄の謀反は中大兄に対して計画されています。だから、中大兄自身が討伐軍を出しているのです。日本書紀によれば、このときの中大兄は皇太子です。皇太子への謀反を事前に防いで中功です。本当でしょうか。

この中功がいかに低い評価か、このときいっしょに功田をうけた上道斐太都《かみつみちのひたつ》と比較してみます。斐太都の記事は笠志太留の記事に続いて出てきます。評価基準は同じはずです。

［続日本紀］――巻二十天平宝字一年（七五七）十二月

従四位下上道《かみつみち》朝臣斐太都《ひたつ》が天平寶字元年の功田廿町。人の反を欲ふを知り、告げて芟除《さんぢょ》す。論實に重しと雖も、本より專制に非ず。令に依り上功なり。三世に傳ふべし。

人がそむくことを事前に知って、それを密告してことを芟除《さんじょ》（とり除くこと）した。これは重大なことであるが、みずから手がけたものでない。これにより上功とする。これが褒賞の理由です。

上道斐太都《かみつみちのひたつ》が芟除《さんじょ》した事件は、橘奈良麻呂《たちばなのならまろ》の乱《らん》です。この乱は天平宝字一年（七五七）におこったもので、くしくも笠志太留が対象期間の最初の年、上道斐太都が最後の年になっています。それはともかく、奈良麻呂の乱の前年、奈良麻呂の父親で反藤原のリーダー的存在だった橘諸兄《もろえ》が失脚、直後に聖武天皇、翌年に諸兄自身も亡くなります。諸兄の死後半年で奈良麻呂の乱となります。

奈良麻呂の乱はかなり大がかりなものだったようで、奈良麻呂のほか、大伴《おおとも》氏、佐伯《さえき》氏が一族あげて加わっています。大伴、佐伯は軍事氏族だっただけに、本格的な動きだったといえます。乱のきっかけは聖武《しょうむ》天皇亡きあとの皇位継承です。諸兄の失脚は藤原仲麻呂《なかまろ》の台頭です。仲麻呂は聖武の皇后光明子《こうみょうし》をバックに、紫微中台《しびちゅうだい》の長官となって権力を手中に収めていました。これに対抗して、反藤原勢力が黄文《きぶみ》王をかついで立ちあがったのが奈良麻呂の乱です。

黄文王は反藤原の急先鋒だった長屋《ながや》王と、藤原不比等の娘のあいだに生まれました。長屋王は長屋王の変（七二九）で一族が死に追いやられますが、不比等の娘とその子どもは死罪をまぬがれます。奈良麻呂は長屋王の血を引く黄文王を皇太子に擁立しようとしたのです。長屋王の変は五章にあります。

橘奈良麻呂の乱は、藤原仲麻呂を中心とする藤原氏にとっては許しがたいものですが、これはあくまで藤原氏にとってのことです。実際、奈良麻呂らがとらえられた理由は、藤原仲麻呂の私邸である田村宮を包囲しようとしたことが発覚したからです。紫微中台長官の藤原仲麻呂を倒そうとしたのを理由にとらえられ、処刑されたのです。天皇でも皇太子でもない仲麻呂の邸宅を武装兵力が包囲しようとしただけなのです。ちなみに、紫微中台とは光明皇后の私的な機関です。朝廷とは直接関係ありません。

皇后の私的な機関の長官の私邸を包囲しようとした事件を密告して上功です。一方、皇太子への謀反の密告をして中功です。いっしょの褒賞だというのに、あまりにバランスを欠いています。

時代がちがう、昔の功と今の功の時間経過のちがいとでもいうのでしょうか。しかし、これは理由になりません。古人大兄謀反より前の、蘇我本家を滅亡させた乙巳《いっし》の変の功労者である中臣鎌足《なかとみのかまたり》も功田を受けていますが、こちらは大功です。鎌足が藤原一族の祖だからだろう、といった想像もあたりません。橘奈良麻呂の乱で、反藤原に立った佐伯氏の一族である佐伯古麻呂《さえきのこまろ》は、同じ乙巳の変で上功を受けています。

古人大兄の謀反で笠志太留があげた手柄は、どうも日本書紀が記述するほどのものではなさそうです。それなら、天平宝字一年の勅による功田を封じる基準となった資料と、書紀の記述のどこが事実とちがっているのか。

「皇太子の腹ちがいの兄で、実際に皇太子のライバルであった古人大兄皇子が謀反をくわだてた」

これがちがうとしか考えられません。書紀では古人大兄皇子となっていますが、『続日本紀』が資料としたものには吉野大兄となっていたわけです。もともと古人大兄一族殺害事件はなかったのです。古人は謀反をおこされこそすれ、しかける側ではなかったのです。

笠志太留が謀反を密告したのは確かでしょう。天平宝字一年（七五七）の勅で功田を与えられているからです。謀反の密告は密告でも、中大兄と古人大兄という大物の事件ではなかったのです。その証拠に、天平宝字の功田褒賞の理由にある謀反の首謀者が吉野大兄となっています。

日本書紀の記事をもう一度読み直していただけばおわかりのように、書紀本文では古人大兄はきられただけです。殺害されたのは吉野大兄です。時期も古人大兄が大化一年（六四五）九月、吉野大兄が同十一月です。とても同じ事件とはおもえません。

もし同じだったら、『続日本紀』の編集センスを疑います。古人大兄は皇子、吉野大兄は王もついていません。どちらが身分が上でしょうか。皇子に決まっています。皇子は天皇の子ども、吉野が王だとしても天皇の孫以遠です。記事を書くときは、その記事をできるだけ大きく見せようとするものです。書紀も『続紀』も薨去記事では、その人物のもっとも高い官位をしるします。

さらに吉野大兄は、問題の古人大兄一族滅亡の記事の注に、申し訳程度に出てくるだけです。『続紀』の編者にすれば当然、日本書紀を読んでいる知識層が読者対象の歴史書を書いているのです。書紀を読めば、古人大兄ならイメージできますが、吉野大兄ではだれなのかわかりにくいのは承知のはずです。実際わからなかったのではないか。それなのに、『続紀』編者が吉野大兄を使ったということは、笠志太留が密告した謀反者は古人大兄でなかったということです。

古人大兄の謀反事件はなかったのです。日本書紀の創作だったのです。『続日本紀』が古人大兄皇子に遠慮する必要などありません。『続紀』は手元の資料をそのまま参考にしたはずです。それなら、書紀と『続紀』の記述のちがいは、書紀側の事情以外に考えられません。

日本書紀は、本当は死んでいない古人を死なすために、さほど大物でない吉野大兄王の謀反事件を、古人大兄の事件であるかのようによそおったのです。古人大兄は、皇太子として孝徳朝で生きていました。書紀の歴史改ざんで、中大兄がちゃっかりすりかわっただけです。これが古人大兄謀反事件の真相です。

◆古人謀反共犯者の信じられない後日譚

古人大兄一族殺害のほかの共犯者はどうでしょうか。これがもうデタラメです。ここは長屋王らによる書紀の記事書きかえの筆がはいっている証拠だと断言していいくらいです。その手口を具体的に見ます。

共犯者のうち吉備笠垂《きびのかさのしだる》は、仲間を裏切って中大兄側に謀反を密告しているので、ある程度の処遇を受けるのは当然かもしれません。しかし、事が露見するまで謀反に加わっていた者は別です。皇太子をおとしいれようとしたのですから、死刑とまではいかないまでも、遠方へ配流されるくらいのことはあってしかるべきです。それがちがうのです。順番に見ていきます。

蘇我田口川堀《そがのたぐちのかわほり》、物部朴井椎子《もののべのえのいのしいのみ》、吉備笠垂《きびのかさのしだる》、倭漢文麻呂《やまとのあやのふみのまろ》、朴市秦田来津《えちのはたのたくつ》、以上が古人大兄の謀反事件の共犯者です。吉備笠垂はすでに見ました。垂以外はどうか。

蘇我田口川堀、物部朴井椎子は、その後の動向はわかりません。処分されたという記録もありません。

倭漢文麻呂は文献上、ここだけに出てきますが、白雉五年（六五四）二月の遣唐使メンバーにはいっている書《ふみ》直麻呂《まろ》が同一人物と見られます。文と書はともに文書に関係して「ふみ」と読みます。倭漢《やまとのあや》氏は帰化系氏族で、外国語に通じていることから外交で活躍しています。そういう意味からも同一人物と考えられます。とすると、皇太子への謀反計画に荷担した犯人が、そのあと同じ皇太子のいる朝廷から遣唐使という大役をおおせつかったことになります。古人大兄は一族もろとも殺害されているのに、共犯者は弓を引こうとした皇太子のいる朝廷で活躍したというのです。まことに奇妙な話です。

その奇妙な話を、日本書紀で見ます。古人大兄の謀反事件から十年もたっていません。

〔日本書紀〕――孝徳紀白雉五年（六五四）二月

二月に、大唐に遣す押使は大錦上高向《たかむく》史玄理《ぐゑんり》〈或本に云く、夏五月に大唐に遣す押使大花下高向玄理〉、大使小錦下河邊《かはべ》臣麻呂《まろ》、副使大山下藥師《くすし》惠日《ゑにち》、判官大乙上書《ふみ》直麻呂《まろ》、宮《みや》首阿彌陀《あみだ》、〈或本に云ふ、判官小山下書直麻呂〉、小乙上岡《をか》君宜《よろし》、置始《おきそめ》連大伯《おほく》、小乙下中臣間人《なかとみはしひと》連老《おゆ》〈老、此れ云ふ、於喩《おゆ》〉、田邊《たなべ》史鳥《とり》等、二船に分かれ乗らしむ。

文麻呂《ふみのまろ》の処遇も驚きですが、朴市秦田来津《えちのはたのたくつ》となると重罪である謀反の共犯者とはとてもおもえません。中大兄に弓を引こうとした人物が、中大兄が天皇になると同時に大抜擢されるのです。信じられるような話ではありません。

田来津は天智即位前紀の斉明七年（六六一）に、五千の兵を率いて百済王子豊璋《ほうしょう》を百済に送り帰しています。一章2節でとりあげています。

［日本書紀］――天智称制前紀斉明七年（六六一）九月

織冠を以て、百濟王子豐璋《ほうしやう》に授く。復た多臣《おほ》蔣敷《こもしき》の妹を以て妻《めあは》す。乃ち大山下狹井《さゐ》連檳榔《あぢまさ》と小山下秦造《はた》田來津《たくつ》を遣して、軍五千餘を率て本郷に衞《まも》り送らしむ。是こに豐璋の入國する時に、福信迎へ來りて稽首《をが》みて、國の朝政を奉りて皆な悉く委ぬ。

田来津は百済の要人である豊璋を百済へ送る責任者の一人として、天智のもとで重責を果たします。その田来津は、百済に渡ったまま帰国しません。ここでは引用していませんが、唐との戦いにあたって百済の京を避城《へさし》へ遷都する話がもちあがります。田来津は「避城《へさし》は敵と近すぎる。（今の）州柔《つぬ》は守りやすくて攻めにくい」という理由で一人反対するが受けいれられず、遷都が強行されます。このため新羅の攻撃が激しく、ふたたび州柔へ都を戻すも、天智二年（六六三）の白村江の戦いで唐に敗れます。このとき、田来津は戦死します。

文麻呂、秦田来津が本当に中大兄への謀反に加担して、そのあとで中大兄がおおらかに水に流す。これが事実なら、中大兄の寛大さをたたえるべきでしょうが、当時がそれほど悠長な時代だったとはおもえません。でっちあげられた古人大兄殺害が事実でないとわかるように、長屋王らによる記事書きかえの段階で、明らかに天智の側である二人を謀反に荷担させたのです。古人大兄一族殺害の記事がデタラメですよ、と印象づけるために筆をいれたのです。万葉史観の改ざん記事修正の一環です。

◆古人殺害を認めない『藤氏家伝』

続けます。古人大兄一族殺害の記事には致命的な欠陥があります。日本書紀は、古人大兄一族殺害に、中大兄の分身といっていい中臣鎌足を登場させていません。どうして腹心の鎌足が中大兄に協力しなかったのでしょうか。中大兄が単独で計画して、みずから手をくださなければならない理由とは何だったのでしょうか。

おそらくは、藤原氏への配慮からです。日本書紀にも当然のこと、独自の資料があったでしょう。しかし、中臣鎌足に関しては藤原氏側の資料にたよる部分が大きかったとおもわれます。その中心が『藤氏家伝』です。書紀編者は『家伝』と内容を整合させる必要があったのです。

『家伝』も当然のこと、正しい歴史資料をもとにしているとは考えられません。成りあがりの藤原氏の歴史を輝かしいものにするために、鎌足をもちあげるだけもちあげています。鎌足が偉大であればあるほど、藤原氏は一流氏族として認められます。外部から認められるだけでなく、自分たちにとっても誇らしいことです。その鎌足についてしるしたのが『家伝』の「鎌足伝」です。

『藤氏家伝』は日本書紀よりあとに完成したようですが、「鎌足伝」はほとんど書紀と同時並行で編集された感じです。乙巳《いっし》の変《へん》は、書紀にも『家伝』にも出てきます。詳細な点でちがいはありますが、ストーリーはほとんど同じです。同一資料をもとにしたのか、どちらかが一方の記事を参考にしたのでしょう。

この「鎌足伝」に、乙巳の変はあるのに、古人大兄一族殺害の記事がありません。『藤氏家伝』は、鎌足が古人大兄一族を殺害したとは認めていないのです。というより、日本書紀にそんな記事が出てくるとは、予想もしていなかったのでしょう。藤原氏の歴史を栄光あるものに脚色するのに、古人大兄一族殺害は必要なかったのです。それで、ありもしない古人大兄一族殺害事件をでっちあげる必要はなかったのです。

一方、日本書紀は孝徳朝の皇太子を中大兄のごとく見せるのに、蘇我本家が滅亡する乙巳の変だけでは不安だったのです。乙巳の変だけでは、孝徳朝の皇太子が中大兄とおもってもらえるか、自信がなかったのです。それを払拭するには、どうしても本物の皇太子である古人大兄に死んでもらわなければならなかったのです。蘇我本家がなくなっても、古人大兄が生きていたのでは古人大兄の処遇に困ります。乙巳の変で見たように、外国使節を応対する宮殿で天皇に同席していたのは古人大兄でした。古人が皇極朝の皇太子なのです。それを隠蔽するために、古人大兄を死んだことにしたのです。死んだことにして、中大兄が古人大兄に置きかわったのです。

日本書紀編集のどの段階かはわかりませんが、おそらく書紀の完成間際、書紀編者が藤原氏の編集する「鎌足伝」の内容を把握します。書紀編者はここで初めて『家伝』に古人大兄一族殺害の記事がとりこまれないことを知ります。書紀と『家伝』に不一致があるのです。といって、書紀編者が『藤氏家伝』

を勝手に書きかえるわけにはいきません。それで、書紀のほうの記事を修正する必要に迫られます。

古人大兄一族殺害の記事は、書紀の草稿の段階では中臣鎌足（中臣鎌子）も登場していたはずです。皇太子と中臣鎌足の共同作業として古人大兄一族殺害事件は記事になっていたはずです。乙巳の変に出てきた鎌足が、古人大兄一族殺害に出てこないのは、どう考えても不自然です。しかし、『藤氏家伝』に古人大兄殺害の記事がはいらないため、書紀としては鎌足の名前を削除せざるをえません。

中臣鎌足（子）関連記事の削除は、新たな問題を引きおこします。鎌足がいっしょなら、鎌足がやったことは自動的に中大兄との共同作業になります。しかし、鎌足を登場させないとなると、中大兄の仕事とするためには中大兄が自分の名前でやったことにしなければなりません。「皇太子」と表記しただけでは、中大兄と読者がおもわない可能性があります。まさに皇太子は古人大兄皇子だからです。

書紀編者は古人大兄殺害の記事で、鎌足の名前を削除する一方で、皇太子表記を中大兄と置きかえていったのです。これが、立太子後に「中大兄」表記が出てくる理由です。

いずれにしろ、『藤氏家伝』が古人大兄一族殺害を無視していることで、この事件がフィクションであったことは納得できるとおもいます。さすがの書紀編者も、『家伝』が黙殺する事件に鎌足が手をそめたとすることにためらいがあったのです。『家伝』が無視する古人大兄一族が滅亡するというストーリーはすべて書紀の捏造だったのです。

6 重なる古人大兄と大海人皇子

古人大兄一族殺害の記事は日本書紀の記事の矛盾を浮きぼりにしています。天智の即位とそれに続く倭姫《やまとひめ》王の立后記事とが、明らかに矛盾するからです。天智の皇后となる倭姫王は、日本書紀によると、古人大兄の子どもですが、これはありえません。時間的にはとびますが、確認します。

書紀の大化一年の記事では、本文で中大兄が将軍を派遣して古人を討伐させています。さらに「或本」で、本人と子どもを殺害させています。書紀の天智即位関連記事によれば、倭姫王は古人の子どもなので、倭姫王も古人大兄といっしょに死んでいなければなりません。中大兄が派遣した兵四十人が古人大兄とその子ども全員を殺害しているからです。前節で見ました。

それなのに倭姫王は生き残って自分の父を反逆者として殺した天智の皇后になります。つまり、朝廷に謀反をくわだてて誅殺された張本人の娘が、父とともに死に追いやられたとされながら、誅殺した本人である天皇の皇后になります。ありえない話の展開です。これからも古人大兄の殺害がインチキであることが明らかです。

天智七年（六六八）正月、それまで称制（天皇代行）だった天智が正式に即位します。続けて同年二月に古人大兄皇子の娘の倭姫王を皇后に立てます。

書紀の記事で確認します。

〔日本書紀〕——天智紀天智七年(六六八)一月

七年春正月の丙戌朔戊子に、皇太子、即天皇位《あまつひつぎしろしめ》す。〈或本に云く、六年の歳次丁卯の三月に、位に即く。〉

〔日本書紀〕——天智紀天智七年二月

二月の丙辰の朔戊寅に、古人大兄《ふるひとおほえ》皇子の女倭姫《やまとひめ》王を立てて、皇后とす。

この記事によれば、古人大兄の一族が皆殺しにあっているにもかかわらず、古人の娘の倭姫王が天智天皇の皇后になっているのです。ありえないストーリーの展開なのですが、見えすいた記事にならざるをえないのは、孝徳朝で皇位継承の最有力候補である古人を、書紀から消し去ったからです。

中大兄は舒明と孝徳朝の皇太子ということになっていますが、事実はちがいます。これまでも、これからも追及しますが、日本書紀としては、中大兄を舒明、皇極、孝徳、斉明朝の皇位継承の最有力者とする必要があったのです。そのために、現実の最有力候補に建前上どうしても死んでもらわなければならなかったのです。

書紀によれば、孝徳朝スタート時点に皇太子になりうる大兄が二人いました。中大兄と古人大兄です。しかし、実際には一人だったのです。古人大兄だけだったのです。そこで古人を死んだことにすれば、皇太子は自動的に中大兄と理解されることになるというわけです。

それにしても、肩書きでなく、名前、あるいは通称名が、二十回以上にわたって出てくることは、書紀として異例です。立太子後に皇太子の肩書きをつけずに通称名だけで表記されるのは中大兄だけです。中大兄表記の異常ともおもえる出現頻度は、皇太子中大兄が疑われかねないことへの不安のあらわれです。それが必要以上に「中大兄」が出てくる理由です。

孝徳朝以降の皇太子を中大兄に見せかける仕掛けが皇極四年の中大兄立太子の記事で、これは孝徳即位前紀にも重複して出るため、まったく疑問視されることはありませんでした。この重複記事により、読者は孝徳朝以降の皇太子を自動的に中大兄としてきたのです。書紀には孝徳即位前紀の中大兄立太子の記事以降、皇太子を立てるという記事が出てきません。それで、中大兄がそのまま皇太子であり続けたと理解されているのです。

皇極四年の中大兄立太子の重複記事がなければ、孝徳、斉明朝の皇太子を中大兄ととることはありません。が、立太子の重複記事はあまりに作為的です。中大兄に関していえば、立太子の記事は、書紀が皇太子だったと記述する舒明朝にも、皇太子だとされる皇極朝、斉明朝にもないのです。それなのに、孝徳朝で皇太子になるときだけ、しつこく二度も出てくるのです。どうみても不自然です。不自然なことをあえてやらざるをえなかったのは、後ろめたさ、自信のなさのあらわれです。

だからこそ、万葉集巻一の中大兄の三山歌は、この中大兄立太子と皇子のつかない中大兄を狙いうちしているのです。中大兄立太子の重複記事と、古人大兄一族殺害の記事がなければ、皇太子中大兄は存在しえないのです。

中大兄の古人大兄皇子殺害はフィクションです。このあとに見る大海人と古人大兄の、二人の即位辞退の記事の類似性からもうかがえるように、二人は同一人物です。書紀が古人大兄の娘とする倭姫王は大海人の子どもです。謀反をくわだてたという理由で殺害した人物の娘を、自分が天皇になったら皇后にする。こんなことが成立するわけがありません。

古人大兄と大海人が同一人物であることをうかがわせる記事を確認します。

古人大兄皇子の殺害がウソだとすると、生き残った古人大兄はどうなったのでしょうか。これが中大兄の同腹の弟とされる大海人皇子です。一連の不自然さは、万葉史観の手がはいっているからです。

天智七年の倭姫王の立后記事に出る古人大兄は、養老四年の日本書紀では、大海人皇子だったはずです。万葉史観がこれを、古人大兄と書きかえたのです。「古人大兄皇子は生きている」ことを示唆するためです。

壬申の乱のきっかけになった大海人の吉野入りが、古人大兄皇子の吉野入りとそっくりです。大海人の吉野入りは天智紀の終わりと天武即位前紀に、記事が分割されて出てきます。念のために、古人の吉野入りの記事も再掲します。

［日本書紀］吉野入り１――天武即位前紀天智四年（六七一）十月＝大海人吉野入り

（天智）四年の冬十月の庚辰に、天皇、臥病《みやまひ》して、痛むこと甚だし。是《こ》こに蘇賀臣安麻侶《そがやすまろ》を遣して、東宮《とうぐう》（大海人）を召して、大殿に引き入る。時に安摩侶《やすまろ》、素《もと》より東宮の好《よしみ》とする所なり。密《ひそか》に東宮を顧《かへり》みて曰く、

「意を有《たも》ちて言へ」

東宮、茲《こ》こに隠せる謀《はかりごと》有らむことを疑ひて愼む。

天皇、東宮に勅《みことのり》して鴻業を授く。乃《すなは》ち辭して譲りて曰く、

「臣、幸ならず。元より多《さは》の病有り。何ぞ能く社稷を保たむ。願はくは、陛下、天下を擧げて皇后に附せたまへ。仍《な》ほ、大友皇子を立てて儲君《まうけのきみ》としたまへ。臣は今日出家して、陛下の爲に功徳を脩めむ」

天皇、聽す。即日に、出家して法服になれり。因りて以て私の兵器を收《すす》めて悉く司《つかさ》に納《おさ》む。壬午の日、吉野宮に入る。

[日本書紀]吉野入り2 —— 天智紀天智十年（六七一）十月＝大海人吉野入り（天智紀天智十年と天武即位前紀天智四年は同年）

庚辰に、天皇、疾病《みやまひ》彌留《おも》し。勅して東宮を喚して、臥内に引入れて、詔して曰く、

「朕、疾甚し。後事を以て汝に屬く」云々。

是こに、再拜して、疾を稱して固辭して、受けずして曰く、

「請ふ、洪業を奉げて、大后に附屬《さづ》けまつらむ。大友《おほとも》王をして、諸もろの政を奉宣はしめむ。臣は請願ふ、天皇の奉爲に、出家して修道せむ」

天皇、許す。東宮、起ちて再拜す。便《すなは》ち内裏の佛殿の南に向《い》でまして、胡床に踞坐《しりうた》げて、鬚髪《ひげかみ》を剃除《そ》りて、沙門《しゃもん》と爲りたまふ。是《こ》こに天皇、次田生磐《すきたのおひは》を遣して、袈裟《けさ》を送らしめたまふ。

壬午に、東宮、天皇に見《まみ》えて請《まを》す、

「吉野へ之《ゆ》きて、修行佛道せむ」

天皇、許す。東宮郎《すなは》ち吉野へ入る。大臣等、侍へ送る。菟道《うぢ》に至りて還る。

[日本書紀]吉野入り3 —— 孝徳即位前紀皇極四年（六四五）六月（古人大兄吉野入り＝再掲）

六月の庚戌に、天豊財重《あめとよたからいかし》日《ひ》足姫《たらしひめ》天皇、位を中大兄《なかのおほえ》に傳へむと思ひ欲して、詔《みことのり》して曰く、

「云々《うんぬん》」

中大兄、退でて中臣鎌子《なかとみかまこ》連に語る。中臣鎌子連、議《はか》りて曰く、

「古人大兄《ふるひとおほえ》は殿下の兄なり。輕《かる》皇子は殿下の舅《をぢ》なり。方《まさ》に今、古人大兄在《ま》します。而《しか》るに殿下、天皇位に陟《のぼ》らば、便《すなは》ち人の弟として恭《つつし》みて遜《ゆづ》る心に違はむ。且《しばら》く、舅を立てて、民の望に答はば、亦た可ならずや」

是《こ》こに、中大兄、深く厥《そ》の議《はかりごと》を嘉《よみ》して、密《ひそか》に以て奏聞す。天豐財重日足姫天皇、璽綬《じじゆ》を授けて、位を禅《ゆづ》る。策《はか》りて曰く、

「咨《ああ》、爾《なんぢ》輕皇子云々」

輕皇子、再三固辭して、轉《うたた》古人大兄〈更の名は、古人大市皇子〉に讓《ゆづ》りて曰く、

「大兄命は是れ昔の天皇の所生なり。而して又《ま》た年長なり。斯の二つの理を以て、天位に居すべし」

是《こ》こに、古人大兄、座を避けて逡巡《しゆんじゆん》して、手を拱《こまぬ》きて辭して曰く、

「天皇の聖旨を奉《うけたまは》り順《したが》はむ。何《いづくん》ぞ勞《いたは》り推《お》して臣に讓らむ。臣《われ》、出家して吉野に入ることを願ふ。佛道を勤《つと》め修めて、天皇を祐け奉らむ」

辭し訖《を》はりて、佩《は》きたる刀を解きて、地に投擲《とうてき》す。亦《ま》た、帳内《とねり》に命じて皆刀を解かしむ。即《すなは》ち、自ら法興寺《ほうこうじ》の佛殿と塔との間に詣でまして、髯髪《ひげかみ》を剔除《そ》りて袈裟を披着《き》つ。是《こ》れに由りて、輕皇子、固辭すること得ずして壇《だん》に升《のぼ》りて祚《くらゐ》に卽《つ》く。

天武即位前紀の記事1です。天智天皇は東宮を呼んで「皇位をゆずりたい」と詔します。東宮は皇太子のことで、ここでは大海人皇子《おおあま》を指します。蘇賀安麻呂は大海人と仲がよかったようで、「天皇の言葉には裏があるので注意してください」とアドバイスします。これを受けて、天皇の皇位をゆずりたいとの申し出に、大海人は病気を理由に固辞します。さらに武器を放棄します。ここまでは天武即位前紀の記事ですが、これに続く話が天智紀に出ています。

天智十年の記事2です。

大海人皇子の申し出を、天智天皇が了解します。大海人は宮中の仏殿の南に行って、胡座《あぐら》をかいて、鬚《ひげ》と髪《かみ》をそって、僧となります。天皇は使いを出して、袈裟をおくります。大海人は天皇に面会して、「吉野に行って、仏道修行にはいります」と申しあげ、天皇はこの申し入れを許します。大海人はそのまま吉野にはいります。

古人大兄皇子の吉野入りです。記事3です。古人も吉野入りを表明したあと、鬚《ひげ》と髪《かみ》を剃ります。大海人は近江宮の宮殿内裏の仏殿の南に向かって、古人大兄は法興寺の仏殿と塔のあいだで剃っています。書紀によれば、皇族で出家した最初が古人大兄、つぎに出家したのが大海人です。

◆古人、大海人の出家は同一記事

それぞれの記事に不審な点はありません。大海人皇子の吉野入りの記事1と2は、同じ事件を描写したものです。描かれているストーリーは共通でなければおかしい。しかし、記事自体はまったく別ものです。原因は、同じ事件を分割編集しているからです。

一方、古人大兄の吉野入りの記事はまったく別の情況を描いているはずです。前の二つの記事と同じでないのは当然というより、類似しているほうが不自然です。まったく別の事件が、瓜二つということがないわけではありませんが、それなりに明確なちがいがあるはずです。大海人と古人の吉野入りは、どうでしょうか。

この三つの文章について、どう類似していて、どこが異なるのか。これを検討します。異同がわかりやすいように、文章を分解して、比較しています。

つぎの表は、それぞれの皇子の吉野入りまでの行動を時間順に追ったものです。これを見て、どんな印象をもつでしょうか。直感的に、時間経過が二分割できます。皇位の辞退と、出家から吉野入りまでです。詳細に確認します。

●大海人、古人大兄吉野入りの記事比較

	場面	㋑ 大海人吉野入り（天武即位前紀）	㋺ 大海人吉野入り（天智紀）	㋩ 古人大兄吉野入り（孝徳即位前紀）
1	辞退	乃ち辭して譲りて曰く	起ちて再拜す	座を避けて逡巡して手を拱きて辭して曰く
2	辞退の言葉1	臣、今日出家す		臣、出家して吉野に入ることを願ふ
3	同言葉2	陛下の爲に功徳を修めむ	天皇の奉爲に、出家して修道せむ	佛道を勸め修めて天皇を祐け奉らむ
4	直後の行動1	出家して法服となる	起ちて再拜す	
5	直後の行動2	私の兵器を収めて悉く司に納む		佩きたる刀を解きて地に投擲す帳内に命じて皆刀を解かしむ
6	出家の準備1		便ち内裏の仏殿の南に向かふ踞りて胡床に坐す	即ち自ら法興寺の仏殿と塔の間に詣づ
7	出家の準備2		鬚髪を剃除りて沙門と爲る	鬚髪を剔除りて袈裟を披着る
8	吉野入り	吉野宮に入る	吉野へ入る大臣等、侍して送る菟道に至りて還る	

記事1の即位の辞退の様子は、天武即位前紀㋑、天智紀㋺、孝徳即位前紀㋩とも記事があります。しかし、つぎの記事2―3の辞退の理由説明の発言、記事4―5の天皇の前からの退出の描写は、㋑と㋩にあって、㋺にはありません。

そのかわり、出家の描写は、㋺と㋩にあって、㋑にはありません。吉野入りについては、㋩になくて、㋑と㋺にあって、㋺だけがくわしい情況を説明しています。

この違いについて、考えてみます。㋑、㋺、㋩の三つの記事は、皇子が即位を辞退して、吉野へ出家するまでを記述しています。㋑と㋺は同じ大海人の即位辞退の記事なので、同じ事件を記述しています。二つの記事は、表現はちがっても、同じストーリーを展開しているはずです。㋩は古人大兄の事件なので、㋑と㋺とは別のストーリーということになります。

実際はどうか、表を見て明らかなのは、同一事件を記述する㋑と㋺が、時系列的に記事の振り分けがおこなわれているということです。㋑と㋺はストーリーの前半と後半をみごとに分担しています。㋑が前半（記事2―5）を、㋺が後半（記事6―8）です。これに対して、㋩はストーリーの全体をカバーしています。8の㋩に「吉野入り」の具体的記述はありませんが、これは2の㋩に「吉野に入ることを願ふ」とあるので、重複を避けたのです。

単純に考えれば、一つのストーリーを二つに分けて、㋑と㋺に割りふったということでしょう。ともに、大海人の即位辞退をとりあげているので、二つの記事を読んで全体がわかるように編集するということはありえます。古人大兄のほうは、記事は一つしかないので、その一つの記事に全ストーリーをもりこんでおかなければならないというのもわかります。

でも、本当にそれほど単純な編集の結果によるものでしょうか。

天武の譲位辞退の記事を天智紀と天武即位前紀に分割したのは、編者にそれなりの編集的な意図があったはずです。理由は、天武辞退の記事を一本化すると、古人大兄の譲位辞退の記事とそっくりになることを心配したのでしょう。

大海人と古人の即位辞退の行動から、記事の内容を確認します。

記事を五つに分けています。A「皇位を辞退する場面」(1)、B「辞退の理由説明」(2〜3)、C「退出時の行動」(4〜5)、D「出家の様子」(6〜7)、E「吉野入り」(8)です。三つの記事はそれぞれをどう記述しているでしょうか。

Aの辞退のシーンです。天武即位前紀㋑、天智紀㋺、孝徳即位前紀㋩とも、それなりの説明がつきます。三つとも辞退のときにとった行動で、違いを云々するほどの描写はありません。しいて区別すると、㋑と㋩、㋺に分かれます。差は「曰く」をもつか、もたないか。㋑、㋩は発言した言葉が続くからで、㋺は発言がありません。

〔㋑—A〕=「乃ち辞して譲りて曰く」

〔㋺—A〕=「起ちて再拝す」

〔ハ―A〕＝「座を避けて逡巡して手を拱きて辞して曰く」

Aから続くBの辞退の言葉は、イ、ハについて、ロにはありません。これは「曰く」に関連しますが、辞退の理由を説明する発言はとても重要です。どうして、天智紀の大海人の即位辞退の記事にはないのでしょうか。

それはともかく、辞退理由です。表には、イとハの言葉で共通するものだけを抜き出しています。それで当然のことながら、同じではないかとおもうほど共通点があります。イ、ハともに「臣、出家す」というフレーズをもちます。さらに、出家後にすることも同じです。「天皇のために功徳をおさめる」イ、「仏道をおさめて天皇を助けたい」ハ。いずれも、仏道をとおして天皇を支えたいというのをあげています。

ほとんど同じことをいっていますが、これは共通するフレーズを拾っているということもあります。短いフレーズが同じでも、全体となるとまったくいっしょということはありません。

発言に出てくる辞退の趣旨は、イの大海人と、ハの古人では微妙にちがいます。

〔イ―B〕＝「自分は健康ではないので、国を治めることはできない。わたしのかわりに、（倭姫）皇后を天皇に、大友皇子を皇太子に立ててください」

〔ハ―B〕＝「（皇極）天皇の考えは、軽皇子（孝徳）に譲位しようというもの。天皇の考えどおりにしてください。わたしはそれに従います」

二つは似ているようには見えません。しかし、発言のもっとも根本的な趣旨は同じです。皇位継承者の人事にふれていることです。大海人は「天皇に倭姫皇后を、皇太子に大友皇子を」、古人は「軽皇子を天皇に」と具体名まで出しています。古人の軽皇子推挙は、皇極が推しているからという消極的なものですが、大海人は自分の意見を堂々とのべています。消極、積極ありますが、いずれにしろ、譲位されて固辞する張本人が皇位の後継者を推挙している点ではいっしょです。

Cの即位辞退直後の行動です。

〔㋑―C〕＝「出家して法服となる。私の兵器を収めて悉く司に納む」

〔㋩―C〕＝「佩きたる刀を解きて地に投擲す。帳内《とねり》に命じて皆刀を解かしむ」

ここは、即位辞退が敵対行為でないことの証として武装解除をします。大海人のほうは一般論的な描写になっています。対して古人のほうは、帯刀していた刀をはずし、さらにはお供の舎人の刀まで放棄させています。

ここで明確にちがうのが、大海人が即位辞退後ただちに「出家して法服となる」とあることです。ただし、古人の場合は、このあと出家の準備の様子が出てくるので、わざわざ法服を出す必要がなかったと考えられます。大海人の場合、出家の準備は㋺の天智紀に出てくるので、それのない㋩の天武即位前紀は、ここにさりげなく潜りこませたのでしょう。「法服となる」は、つけ足しです。

BとCまでが㋑と㋩に関係します。このあとD、Eは㋺と㋩に関連します。

Dの出家のための行動はどうでしょう。こちらは大海人の㋑（天武即位前紀）になくて㋺（天智紀）に出てきます。もちろん、古人の㋩（孝徳即位前紀）には出てきます。これがとてもよく似ています。

〈㋺―D〉＝「便ち　内裏の　仏殿の南に向かふ踞りて胡床に坐す。
鬚髪《ひげかみ》を剃除《そ》りて沙門《しやもん》となる」

〈㋩―D〉＝「即ち自ら法興寺の仏殿と塔の間に詣づ。
鬚髪を剔除りて袈裟を披着る」

二つの記事は本文どおりですが、対応する言葉が並ぶようにしています。「内裏の仏殿」が「法興寺の仏殿」となっているだけで、ほかはまったくいっしょです。

以上、古人大兄と大海人皇子が譲位を断って吉野入りする場面を見ました。これを同じ記事の使い回しとするか、まったく別の記事とするか。これをどう受けとるかは、それぞれの主観です。本書はこれまでの流れから、同一記事の使い回しと理解しています。

資料1

万葉集巻一冒頭歌群　一―二番歌

泊瀬《はつせ》朝倉《あさくら》宮　御宇《あめのしたしらしめ》す天皇の代　大泊瀬《おほはつせ》稚武《わかたけ》天皇

天皇の御製歌

籠《こ》もよ　み籠《こ》持《も》ち　ふくしもよ　みぶくし持ち　この岳《をか》に　菜《な》摘《つ》ます兒《こ》　家《いへ》聞《き》かな　名《な》告《の》らさね　そらみつ　大和《やまと》の國《くに》は　おしなべて　われこそ居《を》れ　しきなべて　われこそ座《ま》せ　われこそは　告《の》らめ　家《いへ》をも名をも　（巻一　1）

「籠よ、籠をもって、へらよ、へらを持って、この丘で若菜を摘むお嬢さん。あなたの家を聞こう、名前を名乗ってほしい。この大和の国はすべてわたしの治める土地である。わたしこそ名乗ろう、家も名前も」

高市《たけち》岡本《をかもと》の宮に　御宇《あめのしたしらしめ》す天皇の代　息長足《おきながたらし》日《ひ》廣額《ひろぬか》天皇

天皇、香具山に登りて望國《くにみ》したまふ時の御製歌

大和《やまと》には　群山《むらやま》あれど　とりよろふ　天《あま》の香具山《かぐやま》　登《のぼ》り立《た》ち　國見《くにみ》をすれば　國原《くにはら》は　煙《けぶり》立《た》ち立《た》つ　海原《うなはら》は　鴎《かまめ》立《た》ち立《た》つ　うまし國《くに》そ　あきづ嶋　大和《やまと》の國《くに》は　（巻一　2）

「大和には多くの山があるけれど、中でも香具山にのぼって国見をすると、国中がよく見わたせる。陸地には人々の家からかまどの煙が立ちあがり、海上にはカモメが飛んでいるのが見えることだ。本当にすばらしい国だ、大和の国は」

天皇、内野に遊猟する時、中皇命《なかつすめらみこと》が間人連老《はしひとのむらじおゆ》をして献《たてまつ》らしむる歌

八隅《やすみ》しし　わが大君《おほきみ》の　朝《あした》には　とり撫《な》でたまひ　夕《ゆふへ》には　い縁《よ》り立《た》たしし　み執《と》らしの　梓《あづさ》の弓《ゆみ》の　なか弭《はず》の　音《おと》すなり　朝猟《あさかり》に　今立《いまた》たすらし　夕猟《ゆふかり》に　今立《いまた》たすらし　み執《と》らしの　梓《あづさ》の弓《ゆみ》の　なか弭《はず》の　音《おと》すなり　（巻一　3）

「この国を治められる大君が、朝にとっては大事に手入れされる、夕暮れともなると近くに立てておくという梓でつくった弓があるのですが、その弓の両端の弭《はず》の弦が弾かれるときに出る音が聞こえます。朝の猟に今出かけられるのでしょう、夕暮れに猟に出かけられるのでしょう。あの立派な梓の弓の弭《はず》のなる音が聞こえてくることです」

反歌

たまきはる宇智《うち》の大野《おほの》に馬《うま》なめて朝《あさ》ふますらむその草深野《くさふかの》　（巻一　4）

「宇智《うじ》の大野《おおの》に皆で馬を駆っていらっしゃる。その馬が朝の草深い大野を踏みしめていることでしょう」

讃岐《さぬき》國安益《あや》郡に幸《いでま》す時、軍王《いくさのおほきみ》の山を見て作る歌

霞《かすみ》立《た》つ　長《なが》き春日《はるひ》の　暮《く》れにける　わづきも知《し》らず　むらきもの　心《こころ》を痛《いた》み　ぬえこ鳥《とり》　うらなけをれば　玉《たま》だすき　懸《か》けのよろしく　遠《とほ》つ神《かみ》　わが大君《おほきみ》の　行幸《いでまし》の　山越《やまこ》す風《かぜ》の　ひとりをる　わが衣手《ころもで》に　朝夕《あさよひ》に　還《かへ》らひぬれば　ますらをと　思《おも》へるわれも　草《くさ》まくら　旅《たび》にしあれば　思《おも》ひやる　たづきを知《し》らに　網《あみ》の浦《うら》の　海《あま》をとめらが　焼《や》く鹽《しほ》の　思《おも》ひぞ焼《や》くる　わが下《した》ごころ　（巻一　5）

「長い春の日が暮れる時のように、暮れたのか暮れないのかはっきりしない心を痛めて嘆いてい

ると、大君が行幸した先にある山を越す風が、妻を家に置いて旅先に一人いるわたしの衣手に朝夕吹き抜け、自分では一人前の男とおもっているわたしも、旅先にいるので、たかぶるおもいをどうすればいいのかわからず、ちょうど網の浦の海女が藻を焼いて作る塩のように、それとわからずに焼きつくわたしの心の奥底よ」

反歌

山越《やまこ》しの風《かぜ》を時《とき》じみ寝《ぬ》る夜《よ》おちず家《いへ》なる妹《いも》をかけてしのひつ　（巻一6）

「山越に吹く風が絶えることのないように、眠りにつく夜毎に家にいる妻のことをおもっていることだ」

右は、日本書紀を検《けみ》するに、讃岐《さぬき》國に幸《いでま》す事なし。また軍王《いくさのおほきみ》いまだ詳《つまびら》かならず。但《ただ》し、山上憶良《やまのうへのおくら》大夫の類聚歌林《るいじゆうかりん》に曰《いは》く、「記に曰《いは》く、『天皇の十一年己亥の冬十二月己巳の朔壬午、伊豫《いよ》の温湯《ゆ》の宮《みや》に幸《いでま》す、云々』。一書に云《いは》く、『この時に、宮の前に二つの樹木《たちき》あり、この二つの樹に斑鳩《いかるが》と比米《ひめ》と二つの鳥大く集《すだ》けり。時に勅して、多《さは》に稲穂《いなほ》をかけて養ひたまふ。乃《すなは》ち作る歌なり、云々』。もし疑《うたが》はくは、此れより便《すなは》ち幸《いでま》すか」。

明日香川原《あすかかはら》の宮に御宇《あめのしたしらしめ》す天皇の代　天豊財重日足姫天皇《あめとよたからいかしひたらしひめ》

額田《ぬかた》王の歌　未詳

秋《あき》の野《の》のみ草《くさ》苅《か》りふきやどれりし宇治《うぢ》のみやこの仮廬《かりいほ》し思《おも》ほゆ　（巻一7）

「秋のさなかに、野の草を刈って屋根にふいて宿った、あの仮の庵のことがいやにおもい起こされることだ」

右、山上憶良大夫の類聚歌林を検するに曰く、「一書に、戊申の年、比良宮に幸すといふ大御歌」。但し、紀に曰く、「五年の春正月の己卯の朔辛巳、天皇、紀の温湯より至りたまふ。三月の戊寅の朔、天皇、吉野宮に幸して肆宴《とよのあかり》きこしめす。庚辰の日、天皇、近江の平浦に幸す」。

後岡本《のちのをかもと》の宮に御宇《あめのしたしらしめ》す天皇代　天豊財重日足姫《あめとよたからいかしひたらしひめ》天皇、位後、後岡本《のちのをかもと》宮に即く

額田王の歌

熟田津《にぎたつ》に船乗《ふなの》りせむと月待《つきま》てば潮《しほ》もかなひぬ　今《いま》は漕《こ》ぎいでな　（巻一―8）

「伊予の熟田津《にぎたつ》で船を出そうと月を待っていると、船を出すのにちょうどいい潮となってきた。さあ、今漕ぎだそう」

右は、山上憶良大夫の類聚歌林を検するに曰く、「飛鳥岡本宮御宇天皇の元年己丑、九年丁酉十二月の己巳の朔壬午、天皇と大后と、伊豫の湯の宮に幸す。後岡本宮に馭宇す天皇の七年辛酉の春正月の丁酉の朔壬寅、御船西に征き、始めて海路に就く。庚戊、御船が伊豫の熟田津の石湯の行宮に泊つ。天皇、昔日より猶ほ存れる物を御覧して、当時忽ちに感愛の情を起こしたまふ。このゆゑに歌詠を製りて哀しみ傷みたまふ」。即ち、この歌は、天皇の御製なり。但し、額田王の歌は別に四首あり。

紀の温泉に幸す時、額田王の作る歌

莫囂圓隣之大相七兄爪謁氣　わが背子《せこ》がい立《た》たしけむ厳橿《いつかし》が本《もと》　（巻一―9）

「(下二句) わたしの愛しい人がお立ちになったであろう厳橿《いつかし》の本よ」

中皇命の紀の温泉に往く時の御歌

君《きみ》が代《よ》もわが代《よ》も知《し》るや　磐代《いはしろ》の岡《をか》の草根《くさね》をいざ結《むす》びてな　（巻一―10）

「あなたの齢《よわい》もわたしの齢《よわい》も知っているのでしょう、その磐代の岡に生える草を結んで旅の無事を祈りましょう」

わが背子《せこ》は仮廬《かりいほ》作《つく》らす　草《くさ》なくは小松《こまつ》が下《した》の草《くさ》を刈《か》らさね　（巻一11）

「あなたは仮の庵をつくっていらっしゃいます。そのとき屋根をふく草が足りないようでしたら、あそこにある小松のしたの草をお刈りなさい」

わが欲《ほ》りし野嶋《のしま》は見《み》せつ　底《そこ》ふかき阿胡根《あごね》の浦《うら》の玉《たま》そ拾《ひり》はぬ　（巻一12）

「わたしが望んでいた紀の国の野島は見せていただきました。しかし、底が深いという阿胡根《あごね》の浦《うら》はまだですので、そこで採れるという立派な珠はまだ拾えずに手にできません」

右は山上憶良大夫の類聚歌林を検するに曰く、「天皇の御製の歌なり」。

中大兄《なかのおほえ》　近江《あふみ》の宮に御宇《あめのしたしらしめ》す天皇　三山歌一首

香具山《かぐやま》は　畝傍《うねび》ををしと　耳梨《みみなし》と　相争《あひあらそ》ひき　神代《かみよ》より　かくなるらし　いにしへも　しかなれこそ　うつせみも　つまを　争《あらそ》ふらしき　（巻一13）

「香具山は、耳成山と、畝傍山が男らしいと、恋のつばぜり合いをしたという。古の神代でさえも、恋あらそいがあったのだから、人の時代に恋あらそいをするもしかたないことなのだろう」

反歌

香具山《かぐやま》と耳梨山《みみなしやま》とあひし時《とき》　立《た》ちて見《み》にこし印南國原《いなみくにはら》　（巻一14）

「香具山と耳成山が畝傍山をめぐって恋あらそいをしていたとき、わざわざ、出雲の阿菩《あほ》の大神がそれを諫めようと、播磨の印南国原《いなみくにはら》まで来られた」

渡津海《わたつみ》の豊旗雲《とよはたくも》に入日《いりひ》さし　今夜《こよひ》の月夜《つくよ》あきらけくこそ　（巻一15）

「海上の大きな旗のような雲に、夕陽がさしている。今夜の月は明るくかがやくことだろう」

右の一首の歌は、今案ずるに反歌に似ず。但し、舊本この歌を反歌に載せたり。故、今猶ほこの次に載す。
また紀に曰く、「天豊財重日足姫天皇の先の四年乙巳に、天皇を立てて皇太子となす」。

近江大津の宮に御《あめのしたしらしめ》宇す天皇の代　天命開別天皇

天皇、内大臣藤原《ふぢはら》朝臣に詔して、春山の万花《ばんくわ》の艶《つや》、秋山の千葉《せんえふ》の彩《いろどり》を競はしむ時、額田《ぬかた》王の歌を以て判《ことは》る歌

冬ごもり　春さり來《く》れば　鳴かざりし　鳥も來鳴《きな》きぬ　さかざりし　花もさけれど　山を茂《しげ》み　入《い》りても取らず　草深《くさふか》み　取りても見ず　秋山の　木の葉を見ては　もみちをば　取りてぞしのぶ　青きをば　置きてぞ歎く　そこし恨めし　秋山われは　（巻一16）

「春が来れば、それまで鳴かなかった鳥も来て鳴く。それまで咲かなかった花も咲くのだが、青々と茂った山に入ってまでとらず、草が深々とおおっていてもとりにいってまで見たりはしない。秋山はというと、木の葉を見ては紅葉を手折ってしみじみおもい、青いままの葉はそのままに嘆く。そこが恨めしいくらいであるので、だからわたしは秋がいい」

額田《ぬかた》王が近江《あふみ》國に下る時に作る歌、井戸王の卽《すなは》ち和《こた》ふる歌

味酒《うまさけ》　三輪《みわ》の山　あをによし　奈良《なら》の山の　山の際《ま》に　い隠《かく》るまで　道の隈《くま》　い積《つ》もるまでに　つばらにも　見つつ行かむを　しばしばも　見さけむ山を　情《こころ》なく　雲の　隠《かく》さふべしや　（巻一17）

「三輪山は奈良山の山の際に隠れてしまい、道の奥まったところがいくつも重なって遠くなるまで、じっと見ながら、幾度もふり返って、眺め見ようと思う山を、情もなく雲が隠すことだ」

反歌

三輪山《みわやま》をしかも隠《かく》すか　雲だにも情《こころ》あらなも隠《かく》さふべしや　（巻一18）

「三輪山を、これほどまでに隠そうというのか。せめて雲に情があるなら隠したりしないだろうに、しかし、三輪山は隠れて見えない」

右の二首の歌は、山上憶良大夫の類聚歌林に曰く、「都を近江國に遷す時、三輪山を御覧《みそなは》す御歌《みうた》なり」。日本書紀に曰く、「六年丙寅《ひのえとら》春三月の辛酉《かのととり》朔己卯《つちのとう》の日、都を近江《あふみ》に遷《うつ》す」。

綜麻形《へそかた》の林の始《さき》のさ野榛《のはり》の衣《きぬ》に著《つ》くなす目に著《つ》く　わが背《せ》　（巻一19）

「綜麻形（三輪山）の林の手前の野に生える榛《はり》色が着ものに染まるように、目について離れない。そうでしょう、あなた」

右の一首の歌は、今案《あん》ずるに和《こた》ふる歌に似ず。但し、舊本この次に載せたり。故に以て猶ほ載せたり。

天皇《すめらみこと》、蒲生野《かまふの》に遊猟《みかり》す時、額田王《ぬかたのおほきみ》の作る歌

茜《あかね》さすむらさき野《の》行き標野《しめの》行き　野守《のもり》は見《み》ずや君《きみ》が袖《そで》振《ふ》る　（巻一20）

「今にもあかく燃え出しそうな紫草の花が咲き乱れる神聖な薬草地を行くあなたは、薬草地の監視人が見るに違いないのに、私に向かって袖を振ることだ」

皇太子《ひつぎのみこ》の答《こた》へる御歌《みうた》　明日香《あすか》宮に御宇《あめのしたしらしめ》す天皇

むらさきのにほへる妹《いも》を憎《にく》くあらば人《ひと》づまゆゑにわれ戀《こ》ひめやも　（巻一 21）

「紫が咲き乱れる薬草地に、ひときわ映えるわたしの愛しい人が憎らしい？ いや、今では人妻だからこそ、なおさらわたしは恋しくおもっているのだ」

紀《き》に曰《いは》く、「天皇の七年丁卯の夏五月五日、蒲生野《かまふの》に縦獵《みかり》す。時に大皇弟、諸王、内臣、及び群臣、皆な悉《ことごと》く従ふ」。

◆巻二挽歌の部立て冒頭歌――有間皇子自傷歌群

悲劇の主人公として知られる有間皇子の追悼歌群です。はじめの二首が有馬自身の自傷歌群です。巻一冒頭の一〇―一一歌群は有間の自傷歌と関連づけられています。

有間皇子《ありまのみこ》、自《みづか》ら傷《いた》みて松《まつ》が枝《え》を結ぶ歌二首

磐白《いはしろ》の濱松《はままつ》が枝《え》を引《ひ》き結《むす》び　まさきくあらばまたかへり見《み》む　（巻二 141）

「磐代の浜松の枝を引き結び、幸運に恵まれて旅を無事に終えて還ることができるなら、再びこの結び松を見よう」

家《いへ》にあれば笥《け》に盛《も》る飯《いひ》を草《くさ》まくら旅《たび》にしあれば椎《しい》の葉《は》に盛《も》る　（巻二 142）

「家にいれば食器に盛る食事を、今は旅の途中なので、椎の葉っぱに盛ることだ」

長忌寸《ながのいみき》意吉麻呂《おきまろ》、結《むす》び松《まつ》を見《み》て、哀咽《あいえつ》する歌二首

磐代《いはしろ》の崖《きし》の松《まつ》が枝《え》結《むす》びけむ人《ひと》はかへりてまた見《み》けむかも（巻二143）

「岩代の岸に生えている松の枝を結んだ人は、帰って再びその結び松を見たのだろうか」

磐代《いはしろ》の野中《のなか》に立《た》てる結《むす》び松《まつ》情《こころ》も解《と》けずいにしへ思《おも》ほゆ（いまだ詳《つまび》らかならず）（巻二144）

「岩代の野中に立つ結び松を見ると、自分の心が晴れず、昔のことがおもい起こされることだ」

山上臣憶良《やまのうえおみおくら》の追《お》ひて和《こた》ふる歌一首

つばさなすあり通《がよ》ひつつ見《み》らめども人《ひと》こそしらね松《まつ》は知《し》るらむ（巻二145）

「かつてここで松の枝を結んで無事を祈って叶わず亡くなった人は、鳥となって通っては結び松を見ているに違いない。私たちはそれと気づかずいるだけだが、当の松は知っていることだろう」

右、件《くだん》の歌等は、柩《ひつぎ》を挽《ひ》く時に作れるにあらずといへども、歌の意に准擬《なぞら》へて、故に、挽歌《ばんか》の類に載す。

〈大宝《たいほう》元年辛丑《かのとうし》、紀伊国に幸《いでま》す時、結び松を見る歌一首　柿本朝臣人麻呂《かきのもとのあそんひとまろ》歌集の中に出づ〉

後見《のちみ》むと君《きみ》が結《むす》べる磐代《いはしろ》の小松《こまつ》が末《うれ》をまた見《み》けむかも（巻二146）

「後で見ようとあなたが結んだ岩代の小松の枝を、あなたは再び見たのだろうか」

万葉集研究者年表（生没年）

藤原定家『長歌短歌之説』（一一六二―一二四一）……上巻P40 41 43 45 49 50 134

・『新古今和歌集』などの選者。『小倉百人一首』は定家の撰として有名。

仙覚『萬葉集註釋』（一二〇三―一二七〇代）

・鎌倉時代の学問僧。万葉集研究の草分け的存在。

契沖『萬葉代匠記』（一六四〇―一七〇一）……上巻P19 71 72 73

・江戸時代を代表する万葉研究者。後世に大きな影響を与えた。

荷田春満『萬葉集僻案抄』（一六六九―一七三六）……上巻P19

・国学の大御所の一人。賀茂真淵が師事した。

賀茂真淵『萬葉考』（一六九七―一七六九）……上巻P19 71 73

・江戸時代の神官。門下に本居宣長、加藤千蔭、塙保己一などがいる。

本居宣長『玉勝間』（一七三〇―一八〇一）……上巻P19 下巻P215 219 220

・国学の第一人者。古事記の解説書『古事記伝』を著す。

加藤千蔭『萬葉集略解』（一七三五―一八〇八）……上巻P73

・賀茂真淵に学ぶ。歌人としても知られる。

岸本由豆流『萬葉集攷證』（一七八九―一八四六）……上巻P135 136 下巻P207 208 209 210 211 212 213 214 215

・国学としては村田春海の流れをくむ。万葉集の考証に貢献。

鹿持雅澄『萬葉集古義』（一七九一―一八五八）……上巻P71 73 74 77 下巻P215 216 217 218 219

・著作が明治天皇の目に触れて出版されたことで知られる。

斎藤茂吉『万葉秀歌』（一八八二―一九五三）……上巻P70
・精神科医にして歌人。柿本人麻呂研究で知られる。斎藤茂太、北杜夫は息子。

折口信夫『口譯萬葉集』（一八八七―一九五三）……上巻P20 122 123 126 下巻P134
・国学、民俗学者。柳田國男と並ぶ民俗学の草分け。釈超空は歌号。

澤瀉久孝『萬葉集注釋』（一八九〇―一九六八）……上巻P20 75 76 78 下巻P134 210 211 212 213 214
・京都大学教授などを歴任。『萬葉古徑』などの著作で知られる。

土屋文明『萬葉集私注』（一八九〇―一九九〇）……下巻P202 203 204 205 206 207 209 210 211 212 213 214
・明治大学教授。アララギ派の歌人として知られる。

久松潜一『万葉秀歌』（一八九四―一九七六）……上巻P70
・伝統的な国学者。東京大学助教授、慶応大学教授、国学院大学教授。

徳田浄『萬葉集撰定時代の研究』（一八九六―一九七六）……上巻P18 30 31 32 33 34 35 36 37 38 39 45 下巻P110
・関東短期大学教授。『萬葉集成立攷』で東大から文学博士をおくられる。

吉永登『類聚歌林の形態について』（一九〇六―一九八九）
・関西大学教授。「吉永登文庫」で知られる。

伊藤博『萬葉集釋注』（一九二五―二〇〇三）……下巻P212
・筑波大学教授、共立女子大学学長。万葉集の注釈に大きな貢献をする。

多田一臣『万葉集全解』（一九四九―）……下巻P213
・東京大学文学部教授。日本古代文学。

品田悦一『万葉集の発明』（一九五九―）……上巻P16
・東京大学総合文化研究科教授。日本古代文学。

引用参考文献

『萬葉集』（佐竹昭広、木下正俊、小島憲之、塙書房、初版二六刷、一九五一・三）
『萬葉集』（佐竹昭広、山田英雄、工藤力男、大谷雅夫、山崎福之、岩波書店「新日本古典文学大系」一九九九・五）
『萬葉集』（小島憲之、木下正俊、佐竹昭広、小学館「古典文学全集」第三刷、一九七五・五）
『日本書紀』（坂本太郎、家永三郎、井上光貞、大野晋、岩波書店「日本古典文学大系」第二九刷、一九九〇・一〇）
『日本書紀』（小島憲之、直木孝次郎、西村一民、蔵中進、毛利正守、小学館「新編日本古典文学全集」一九九八・六）
『古事記』（山口佳紀、神野志隆光、小学館「新編日本古典文学全集」一九九七・六）
『続日本紀』（青木和夫、稲垣耕二、笹山晴生、白藤禮幸、岩波書店「新日本古典文学大系」一九九八・三）
『日本後紀』（森田悌、黒板伸夫、集英社「訳注日本史料」二〇〇三・一一）
『懐風藻』（辰巳正明、笠間書院、二〇一二・九）
『古今和歌集』（小沢正夫、松田成穂、小学館「新編日本古典文学全集」一九九四・二）
『新古今和歌集』（峯村文人、小学館「新編日本古典文学全集」一九九五・五）
『風土記』（植垣節也、小学館「新編日本古典文学全集」一九九七・一〇）
『藤氏家伝 鎌足・定慧・武智麻呂伝 注釈と研究』（沖森卓也、佐藤信、矢嶋泉、吉川弘文館、一九九九・五）
『上宮聖徳法王帝説 注釈と研究』（沖森卓也、佐藤信、矢嶋泉、吉川弘文館、二〇〇五・二）
『聖徳太子伝暦 影印と研究』（日中文化交流史研究会／蔵中進、桜楓社、一九八五・一二）
『本朝皇胤紹運録』（群書類従完成会「群書類従・第五輯」訂正三版第五刷、一九八二・九）
『扶桑略記』（国史大系編修会／黒板勝美、吉川弘文館「国史大系 第十二巻 新訂増補」一九六五）
『先代旧事本紀訓註』（大野七三、批評社、初版第四刷、二〇〇四・二）

『日本霊異記』（中田祝夫、小学館「新編日本古典文学全集」一九九五・九）
『新訂続善隣国宝記』（田中健夫、集英社、一九九五・一）
『寧樂遺文』（竹内理三、東京堂出版、一九七七・三）
『興福寺縁起』（群書類従完成会「群書類従・第二十四輯」訂正三版第五刷、一九八三・七）
『延喜式の研究　資料編』（宮城栄昌、大修館書店、一九七五）
『歌経標式』（沖森卓也、佐藤信、平沢竜介、矢嶋泉、桜楓社、一九九三・五）
『栄華物語』（山中裕、秋山虔、池田尚隆、福長進、小学館「新編日本古典文学全集」一九九五・一〇）
『長歌短歌之説』（藤原定家、続群書類従完成会「続群書類従・第十六輯下」訂正三版第五刷、一九八二・三）
『萬葉代匠記』（契沖、朝日新聞社「契沖全集」一九二六）
『萬葉考』（続群書類従完成会「賀茂真淵全集」一九七七・四）
『玉勝間』（本居宣長、村岡典嗣、岩波文庫、第一八刷、一九九五・三）
『萬葉集古義』（鹿持雅澄、名著刊行會、再版、一九二九・三）
『萬葉集攷證』（岸本由豆流、臨川書店「萬葉集叢書第五輯」一九七七）
『口譯萬葉集』（折口信夫、中公文庫、四版、一九九三・八）
『萬葉集注釋』（澤瀉久孝、中央公論社、普及版、一九八二・一一）
『萬葉集私注』（土屋文明、筑摩書房、新訂版第一刷、一九七六・三）
『萬葉集釋注』（伊藤博、集英社、一九九五・一一）
『万葉集全解』（多田一臣、筑摩書房、二〇〇九・三）
『万葉秀歌』（斎藤茂吉、岩波新書、九九刷、二〇〇八・九）
『万葉秀歌』（久松潜一、講談社学術文庫、二九刷、二〇〇二・六）
『萬葉集撰定時代の研究』（徳田浄、目黒出版、一九三七）

『萬葉集成立攷』（徳田浄、関東短期大学、一九六七）
『万葉集形成の謎』（山口博、桜楓社、一九八五・四）
『萬葉集の編纂と形成』（橋本達雄、笠間書房、二〇〇六・一〇）
『萬葉集の構造と成立』（伊藤博、塙書房、一九七四）
『増補万葉集成立考』（伊丹末雄、笠間書院、一九八八・八）
『地域王権の古代学』（辰巳和弘、白水社、一九九四・六）
『日本書紀成立考』（大和岩雄、大和書房、二〇一〇・一二）
『山上憶良の生涯とその作品』（澤瀉久孝「萬葉集講座第一巻」一九三二・二）
『類聚歌林の形態について』（吉永登、「萬葉」第二十一號、萬葉學會、一九五六・一〇）
『「市原王」考』（北條朝彦、岩田書院「日本古代の資料と制度」二〇〇四・一一）
『万葉集の発明』（品田悦一、新曜社、二〇〇一・二）
『旧唐書』（石原道博、岩波文庫「中国正史日本伝1」第八二刷、二〇一二・九）
『宋書・随書倭国伝』（石原道博、岩波文庫「中国正史日本伝2」第四九刷、二〇一〇・九）
『倭国伝』（藤堂明保・竹田晃・景山輝国、講談社学術文庫、二〇一〇・九）
『新・国史大年表』（日置英剛、国書刊行会、二〇〇七・二）
『誰でも読める日本古代史年表』（吉川弘文館、二刷、二〇〇九・一〇）
『日本史年表増補版』（歴史学会研究会、岩波書店、第五刷、一九九四・一二）
『日本史年表』（日本歴史大辞典編集委員会、河出書房新社、第四版、一九九〇・七）
『論語』『礼記』など経書関連ほか（明治書院「新釈漢文大系」）
『日本古代人名辞典』（吉川弘文館、第六刷、一九五九・九）
『大字源』（角川書店）

『漢字源』（学研）
『広辞苑』（岩波書店）

わたなべ・やすのり

1950年、静岡県生まれ。慶応義塾大学経済学部卒。1974年毎日新聞社入社。新聞記者として長崎支局、福岡総局などを経て、『サンデー毎日』編集部編集委員、『PC倶楽部』編集長、データベース部長などを歴任。現在は作文教室くだん塾主催。著書に『聖徳太子と「日本書紀」の謎』(コアラブックス)。

万葉集があばく
捏造された天皇・天智(上)

二〇一三年一〇月一五日　初版第一刷発行
二〇一九年　二月二〇日　第三刷発行

著者　渡辺康則
発行者　加藤玄一
発行所　株式会社 大空出版
東京都千代田区神田神保町三―一〇―二
共立ビル八階
電話　(〇三)三二二一―〇九七七
編集　北村純義　村山 裕
校正　齊藤和彦
デザイン　大類百世　岡田友里
印刷・製本　シナノ書籍印刷株式会社

ISBN978-4-903175-46-1 C0021

大空出版の本

●大空ポケット新書
日本初！〝新聞スタイル〟の新書シリーズ
歴史ポケットスポーツ新聞
野球 石川哲也著／プロレス 荒井太郎著／サッカー 近藤泰秀著
オリンピック 菅原悦子著／相撲 荒井太郎著
冬季オリンピック 菅原悦子著
◎定価［野球・プロレス・サッカー］八〇〇円+税
◎定価［オリンピック・相撲・冬季オリンピック］八五七円+税

昭和を彩ったスポーツ5種に焦点をあて、それぞれの創始伝来から現在に至るまでの歴史的名場面・名シーン・スキャンダルをおもしろさ満載の新聞風記事で構成しました。当時の興奮を蘇らせ、今まで知らなかった歴史を貴重な資料とともに余すことなく伝えます。臨場感あふれる号外も掲載。歴史を知ってスポーツを10倍楽しくするシリーズです。

●大空ポケット新書
歴史ポケット人物新聞
回天ふたたび 坂本龍馬
◎定価 八五七円+税

及川拓哉 著

天保6（1835）年11月15日、高知に生まれてから、慶応3（1867）年11月15日、京都・近江屋で非業の死を遂げるまで、坂本龍馬の生涯を大小さまざまなエピソードで辿ります。幕末を彩った英傑たちも総登場。貴重な写真の数々と新聞風の記事で、龍馬とその時代の息吹をリアルに再現します。

●大空ポケット新書
歴史ポケット人物新聞
伊藤博文 誕生！日本の総理大臣
◎定価 八五七円+税

岩尾光代 著

天保12（1841）年9月2日、周防国熊毛郡束荷村（現在の山口県光市）の貧しい農家に生まれた伊藤博文。明治42（1909）年10月26日、韓国・ハルピン駅で凶弾に倒れるまでの生涯は、日本の幕末・明治史そのものといえます。明治維新をなし遂げ、近代国家の礎を築いた時代を、貴重な写真と新聞風の記事で再現します。